跨文化视域下的日语教学研究

陈 佳 著

中国原子能出版社

图书在版编目（CIP）数据

跨文化视域下的日语教学研究 / 陈佳著. — 北京：
中国原子能出版社，2022.11（2025.3 重印）
ISBN 978-7-5221-2491-9

Ⅰ. ①跨… Ⅱ. ①陈… Ⅲ. ①日语－教学研究－高等
学校 Ⅳ. ①H369.3

中国版本图书馆 CIP 数据核字（2022）第236927号

跨文化视域下的日语教学研究

出版发行	中国原子能出版社（北京市海淀区阜成路43号　100048）
责任编辑	徐　明
装帧设计	侯怡璇
责任校对	冯莲凤
责任印制	赵　明
印　　刷	北京天恒嘉业印刷有限公司
经　　销	全国新华书店
开　　本	787 mm×1092 mm　1/16
印　　张	13.5
字　　数	201 千字
版　　次	2022 年 11 月第 1 版　2025 年 3 月第 2 次印刷
书　　号	ISBN 978-7-5221-2491-9　　　定　价　79.00 元

发行电话：010-68452845　　　　　　版权所有　侵权必究

前　言

　　当前教育研究领域对二语习得理论进行了深入探讨，并做了补充说明。而在二语习得理论研究中人们也再次认识到跨文化教育实施的必要性。以日语教学为例，跨文化日语教学将提升学生日语语言运用能力，使得学生建构文化与语言学习的关系，在把握日本文化的基础上做到语言的灵活输出与运用。

　　回顾日语教学历程，在 20 世纪 60 年代及以前更强调语言、词汇等基础知识的讲述，对文化的关注较少。因此学习者日语学习更侧重视听说训练。自 20 世纪七八十年代以后日语教学中开始关注学生跨文化意识的培养，而跨文化教学也成为日语教学改革中的里程碑事件，体现在具体的教学大纲、教学标准中。20 世纪 90 年代以后，文化的学习与语言知识的学习处于同等重要的地位，原有重知识、轻能力的教学现象得以改观，文化知识在具体的教学场景中得到有效运用。学习者基于跨文化学习思维反思本民族文化，了解学习日语文化，逐步提升跨文化交际能力，产生跨文化交际学习的自觉性。

　　跨文化日语学习是多方面的学习，涉及态度、情感、知识、技能、文化等多个学习层面。学习者正确处理母语文化、日语文化关系，对日语文化持有宽容理解的态度，落实到具体的学习行动上才能真正做到文化知识的活学活用，真正让日语语言学习更得心应手，以达成跨文化日语学习的理想目标。

　　但跨文化日语教学实施中也存在着不足，以课堂教学操练中的问题最为突出。学习者更多按照教师指令进行语言文化的操练，学生自觉性的跨文化交际项目操练较少，学生缺乏跨文化交际的自觉意识，在一定程度上抑制学生跨文化交际能力的培养。学生跨文化交际学习长期处于单向被动的尴尬境地。而本书通过系统研究、专题论述，从理论与实践层面对日语跨文化教学实施进行探讨，将日语教学与文化教学统筹起来，致力于良好跨文化交际能力应用型人才的培养和跨文化日语教学的干扰要素的消除。事实证明，通过教材的科学选定、培养方案的修订、多样化教学方法的引入，日语跨文化教学也将由易到难逐步推进，取得更理想的教育成果。

本书稿针对日本语言文化教学及研究编写，重点讲解日语跨文化教学问题。该书在写作过程中立足于新时期国际交流大背景，分析新时期多元文化历史融合趋势，以中日文化交流为研究切入点，既有对现有研究成果的汇总分析，也有理论分析讲解、教学实践总结，以从多维度对日语跨文化教学做全面阐述。本书共分为六章，第一章为日本语言文化与跨文化交际。该章节重点论述了跨文化交际概念，并对日本语言文化研究情况做了综述，论述了日本语言表达的特征和日语跨文化交际规则，引出日本跨文化教学的探讨。第二章主要从文化层面论述日语跨文化教学。主题为跨文化视域下的文化导入与日语教学，具体分为日语教学实践中文化导入的紧迫性阐述、日语教学中日本文化的导入分析、日语教学中中国文化的导入三大部分，重点于文化交流层面探讨文化学习与日语教学的关系，对跨文化日语教学做归纳总结，完成概括性地说明，也再次强调跨文化日语教学的必要性。第三章侧重理论研究，从跨文化学习心理本质的探源入手，相继对跨文化交际中共有文化及共有经验进行分析，对跨文化背景下日语教学模式构建等进行理论层面的阐述，以建构日语跨文化教学的宏观框架。第四章主要讲述了跨文化视角下日语语境构建与教学实践的问题，重点围绕日语教学中的语际转换、语用蕴涵与日语言语行为、语境的创设与翻译配置逻辑关系三个方面展开。第五章则选择日语教学中跨文化语用失误话题进行防范的论述，在明确语用失误概念、表现的情况下，对语用失误成因进行剖析，继而引入到日语商务专业学生语用能力培养问题上，提出具体的培养策略。在本章节还论述了教师语言的语用失误及解决策略。最后一章主要是对跨文化视域下的日语教学研究的宏观论述，从日语教学原则和教学方法的研究入手，指出日语教学质量评估优化的路径，从一线教学层面对日语跨文化教学进行分析。

全书在讲解跨文化日语教学理论的过程中辅助以大量的课堂教学案例，以期帮助学习者建构跨文化认知体系，提升学习者跨文化交际表达能力。抛开具体章节谈全书，主要观点在于跨文化教育解读、跨文化教育实施必要性的分析、当前日语教学跨文化教育实施不足的探讨等，在此基础上对跨文化日语教学推进提出了几点建议。

回顾近几年经济发展的轨迹，不难看出日语、韩语、西班牙语等小语种逐渐成为热门语种，日语也逐渐成为各高校主打专业。而语言的学习与文化的学习密不可分，只有了解一国文化，做深入学习探讨，才能保持语言学习的热情，避免让日语学习陷入应付考试的窘境，而这也背离了语言学习的初衷。新一轮教育改革更强调学习者综合素养与能力的培养。具体到日语教学中则是应改变传统应试教育重理论灌输的错误教育思想，更强调学习者对文化的关照，减少学习者被动学习语言的尴尬，也由此衍生出跨文化教育概念。跨文化教育就是让学习者了解人文文化的背景下进行语言的学习，其既可以存在于思想层面，也可以付诸于学习行动。

众所周知，语言作为文化的载体，更逐渐成为文化的构成部分。在当前国际交流日益频繁与深入的时代，日语教学中不能只强调学习者能说一口流利日语，学习者的培养更要关注其跨文化交际能力的培养，而跨文化日语教学的根本就在于跨文化教育视野的树立以及积极的文化导入，避免语言以孤立的方式存在，让学习者真正感知语言背后独特的文化背景，能真正做到语言学习的活学活用。本书稿从语用论的视角论述了跨文化教育、日语教学问题。在日常人际交往中互动对话功能较大。互动的标准是一方将思想认知以语言为媒介进行表达，而另一方则借助媒介桥梁，辅助以文化理解，了解说话方的思想及意见。以日语人称指示为例，一些简单的会话句子中却有着丰富的意蕴，我们无法把握支配人们话语表达的潜在东西，但可以通过了解日本文化感知影响表达的潜在心理，熟悉日语语言表达习惯所在，而这也恰恰是跨文化日语教学的真谛。本书在成书过程中也重点从对策方面做了论述，认为要在教学内容选择上优选实用性、阶段性强的材料，在教学中让词汇教学、读解教学、作品分析教学与文化教学融合，逐步提升日语学习者双重文化理解能力，提升其文化输出和交际表达能力。

目前学习者日语跨文化交际能力的培养已成为日语教学的共识，引发社会的持续关注，也关系到日语教学改革的深化推进。本书作为日语跨文化教学研究书籍之一，从认知语言学理论和实践层面对日语跨文化教学做了深层次的阐述，并结合笔者日语教学的经验，在总结日语跨文化教学思路的基础上对跨文化教学实施做了多维度的分析解释。对跨文化教学起源、跨文化教学中语法、语音、词汇等教学实施做了串联式讲解，并融入了日语教学历史的分析、语义的分析、语言心理的分析、言语文化的分析等，将给予日语跨文化教学有效的指导，带动学生跨文化交际能力的培养。本书通过分章节系统阐述，对日语跨文化教学做了全面介绍，从理论剖析、实践指导入手，分析跨文化教育实施的主要路径，将为日语教学改革提供理论指导，也为一线日语教学中跨文化教育的实施提供具体指导。这也是这本书编写的初心所在。

目　录

第一章　日本语言文化与跨文化交际

第一节　跨文化交际

人类同他者进行沟通与交流的基本能力，便是交际能力，它被作为前提与基础，存在于跨文化交际能力之中。于交际者而言，跨文化交际能力不仅包含人类基础性的交际能力，还包含跨文化敏觉能力、外语能力等内容。

一、交际能力

要系统了解交际能力，就要先理解"语言能力"相关概念。这一概念最早出现于 20 世纪 60 年代，由乔姆斯基提出。在他看来，人类所具备的语言知识就是语言能力，它也被视为一种内化式的语言规则体系，包含语法、词汇、语音等内容。从转换生成语言理论角度来看，人类个体的语言能力由以下几个方面的内容组成（见表 1-1）。

表 1-1　语言能力的内容

序号	语言能力
1	能正确组合声音与语素
2	能区分是否合乎语法的句子
3	能区分结构相同或相似但意义不同的句子
4	能区分结构不同单意义相同或相近的句子
5	能区分同一结构的歧义
6	能区分句子中的语法关系
7	最根本之处则是能运用这一有限的规则体系创造出无限的句子

　　针对这一观点，美国著名的社会语言学家海姆斯（D. H. Humes）提出了不同的见解。他认为不应该将个体语言能力局限于"表述上的合乎语法"，还要能够灵活运用切合不同语言环境的语句。简而言之，就是能够针对不同的沟通对象、沟通地点、语言场合灵活运用语句并成功完成交际的能力。在此背景下，交际能力的内涵被进一步扩充了，交际能力也被定义为：能够在社会交往过程中成功运用语言的能力，涵盖了语言情感表达、思想交流、信息传递等内容。

　　相较而言，海姆斯定义下的"交际能力"更为注重交际语言运用过程中的得体性。换言之，他更加强调语言使用的社会环境要求，这些要求包含：交际对象、社会地点、交际时间、谈话方式、表达内容等。在他看来，系统化的交际能力由四个方面的内容组成：

　　（1）语法的正确性，是指能够运用正确的语言形式。

　　（2）语言的可行性，指语言内容能够获得交际对象心理上的接受与认可。

　　（3）语言的得体性，指依据具体的交谈对象、环境灵活选择交谈内容、形式使语言恰当化。

　　（4）语言的现实性，指通过语言实现具体的交际功能，并生成相应的交际影响。

　　不可否认的是，要科学系统地定义交际能力并不是一件容易的事情，许多学者对此开展了深入的探究。帕尔默（Gary B. Palmer）与巴克曼（Lyle F. Bachman）通过研究，对交际能力的成分进行了全新的划分，具体分为生理心理机制、策略能力、语言能力三个板块。其中，生理心理机制作为一种生理与心理基础，是人类语言交际能力的重要前提，推动着语言交际能力的发展；策略能力是一种心理能力，即个体心理上的语言知识运用能力，它作为沟通桥梁存在于现实世界与语言能力之间；而语言能力则由语用能力、组织能力两个部分构成。

二、跨文化交际能力

　　由海姆斯交际能力中可以看出，差异化的文化环境会在一定程度上影响个体的交际能力。克莉丝汀·波尔斯顿（Christina Bratt Paulston）曾指出，跨文化交际在很大程度上体现为：具备不同交际能力的两个人之间的交往互动。双方的文化差异，是产生交际问题或困难的主要原因。因此，若个体所具备的交际能力是特定文化语境下的，那么即使这种能力再强，都无法支撑个体取得成功的跨文化交际成果。

在此情况下，金洋咏（Kim）为了将跨文化交际能力与特定文化交际能力进行有效区分，提出了"跨文化交际能力"这一概念。同时，他还指出这一概念可以作为必要条件，确保我们成功进行跨文化交际、正确应对文化差异。由此可见，特定文化下的交际能力，通常被作为跨文化交际能力的发展基础而存在。而跨文化交际能力作为一种更高层次的交际能力，要求交际者主动摒弃单一文化限制下的思维习惯，突破特定文化的束缚。

总体而言，跨文化交际要求交际者具备较高的综合能力，其具体的交际能力由交际规则转换能力、非语言交际能力、语言交际能力以及文化适应能力构成。

（一）语言交际能力

语言交际能力具备极其丰富的内涵，不仅囊括了语言使用过程中的语法知识运用能力，还包含词语文化内涵意义与概念意义的认知运用能力。换句话说，就是能够在交际中，依据具体化的交际环境灵活运用恰当的语言，使自身的语言具备一定的得体性。

在跨文化交际能力中，语言交际能力占据着重要的地位，若交际者不具备良好的语言交际能力、不注重语言基本功或不具备良好的外语水平，便无法掌握跨文化交际能力的核心与基础。

（二）非语言交际能力

在交际过程中，不可避免会运用到非语言交际手段或行为。因此，非语言交际手段或行为通常被作为不可或缺的交际元素，存在于交际过程中。在具体的交际中，非语言交际手段或行为也被作为高效的语言交际途径，发挥着协调交际、辅助交际的作用，还具备挽救、维持或替代的作用。此外，人们习惯于在交际中关注与纠正具体的语言行为，以此优化语言行为的可接受性、得体性，但并不会过多关注因传播中文化差异而引发的非语言交际手段使用的冲突与误解。

对于初入讲台的日语教师而言，其非语言交际能力能够强化师生间的沟通顺畅度与深度，使得语言课堂充满吸引力与趣味性。在此情况下，学生往往更偏爱善于运用丰富表情、能灵活运用肢体语言的教师。

（三）语言规则和交际规则的转化能力

所谓的语言规则，是指包含语法、词汇、发音在内的规则体系。交际规则本质上是一种引导人们相互交往的行为准则，交际规则的一大特点是具备极强的文化特征。

在整个交际中，交际规则与语言规则都发挥着制约交际的作用。作为不同历史文化积淀而成的交际规则，往往具备着显著的文化差异性，会因文化种类的不同而有所区别。虽然，语言规则的转换在整个跨文化交际技能学习中举足轻重，但只学习语言规则的转化是远远不够的，还需要进一步学习交际规则的状态。实际上，要培养优异的跨文化交际技能，需要同时具备两种规则的转换能力，并在国际交往中掌握具体的交往规则。

在跨文化环境下，不可避免会运用到外语进行交际，有时还需要进行相关的翻译工作。同时，母语和目的语之间的规则是持续转化的。然而，更为重要的还是交际规则的转化，其具备较高的难度。在跨文化交际中，交际规则最根本的特征是规范跨文化语境中的交际方式与行为，正确恰当地解决文化差异在跨文化交际中的价值观、思维方式、行为准则、习俗等诸多方面的文化冲突与文化差异干扰。

（四）文化适应能力

文化适应能力除了包含生活在国外的人对新文化环境的适应性，还包含异文化环境下人们对新文化环境的适应能力。通常而言，具备这一能力的交际者，能够很好地克服文化休克现象，能够从客观的角度认知与理解新文化对自身思想情感、思维方式、交际规则、行为举止等方面的影响，并因需进行相应的调整。与此同时，他们还能够对自身的文化身份进行必要的转换，以适应新文化的需要，更好地将自身的人际交往、工作、学习、生活融入新文化环境之中。此外，还要学会及时分析预测，并灵活处理跨文化环境与交际中潜在的文化差异干扰，及时规避或有效解决文化冲突。

可以从发展层次角度对跨文化交际能力进行归纳，并概括为认知、情感、行为三个层面，这些层面之间是相互依存的，如表 1-2 所示。

表 1-2　文化交际能力发展的层面

文化交际能力发展的层面	主题描述
认知层面	指的是跨文化理解能力，代表了跨文化交际能力的认知面向，强调通过理解自身文化与其他文化的互动，而改变个人对环境感知的过程。跨文化理解为我们提供了了解文化动态的机会，减少了跨文化交际所带来的情感歧义和不确定性
情感层面	指的是跨文化洞察力。代表的是跨文化交际能力的情感面向，它代表一个人在某种特殊的情境或与不同文化的人互动时，个人情绪或情感变化。具有跨文化沟通能力的人，能够在互动之间、之中与之后，投射与接收正面的情感反应。这种正面的情感反应，最终会把当事人带到认可与接受文化差异的境界
行为层面	指的是跨文化效力。代表的是跨文化交际能力的行为面向。是指达成工作任务或交际目的的能力

第二节　日本语言文化研究综观

对语言与文化进行的交叉性研究，便是语言文化研究。它承用了传统的人类语言学研究方法，通过分析存在于语言内部的年龄、性别、民族、地区等文化因素来开展客观的语言研究。在全球化的推动下，语言文化日益受到经济全球化与教育国际化的影响。在此背景下，语言文化研究的重要性日益凸显。本节主要追溯了日本语言文化的研究情况，并进行了相关的探讨。

一、20 世纪 70 年代之前的语言文化研究

"二战"后在日本东京成立了"语言文化研究所"和"亚非语言文化研究所"。1946 年，著名的日语文化研究作品《菊与刀》问世，这一作品由本尼迪克特编写并发表。这一著作通过寻找关键词的方式，从日语角度抓取了日本人、日本文化的关键词，并将日语看作一种重要标识开展论述。因此，这本书也被称作"日本文化学先驱"。通过研读《菊与刀》，可以发现文化与语言是密切相关的。

欧洲是最早进行语言文化研究的地区，语言文化研究的兴起地是美国。随着语言文化研究的持续扩展，日本也逐渐建立了相应的研究机构开展语言研究。在 20 世纪四五十年代，日本已经将交叉性研究运用于日本语言与文化研究。在《日语的特征》中，佐久间鼎已经将语言内部的文化特征与句法特征进行了结合研究。佐久间鼎指出，日语中的许多语言表达形式，是自然本位的，也是超前的。他还从社会原因、历史角度对语言的文化特征进行了阐述，并系统论述了日语中的日本文化体现。冈崎义惠作为著名的日本语言研究者，曾在其代表作《文艺学》中，多次运用"文化语言学"的称谓，并将其定义为"文学"，这与现行的"文化语言学"概念有所出入，两者之间并不存在相关性。

到了 20 世纪 50 年代中期，时枝诚记提出了"语言过程说"，这一学说将人类行为与语言进行了关联。时枝把语言看成是人的心理现象，认为语言是思想的表达或理解。他重视语言主体的作用。因此，他认为语言本质上是人类的一种心理过程。可见，时枝诚记更关注语言过程中的"主体意义"，即人的意义。他认为语言主体与语言是密切相关的。同一时期，西尾实主动探究了语言同文化进展、社会之间的内在关系，论述了"儒教"与日语、"山"与日语、"海"与日语之间的关系，并对日语未来的发展情况进行了展望。此外，金田一春彦也开展

了相关研究，并于 1957 年在岩波书店发布了《日语》一书。在书中，她将差异化的性别、身份、职业、地域等作为切入点，系统论述了日语的差异性，并概括阐述了社会、文化同词汇之间的关系。

然而，受当时社会发展与历史认知局限性的影响，这一时期的日本语言文化研究，更多停留在文化与日本语言间的关系研究上，侧重于从语言特点角度概述语言特征与文化之间的关系，很少有学者会开展文化与语言用法之间关系的研究。因此，20 世纪四五十年代也被称作"日本语言文化研究的萌芽时期"，社会语言学是日本语言文化研究的摇篮。

二、20 世纪七八十年代的语言文化研究

20 世纪 70 年代，铃木孝夫首次从语言的角度，系统探究论述了语言与文化的关系。因此，他的作品也被视为开山之作，存在于日本语言文化研究史中。在铃木看来，文化与语言具备同质性，两者的本质是一样的，语言可以作为一种文化，文化也可以转化为语言。他指出"文化是固有的思维方式和思维活动的模式"，文化的差异会带来语言的差异。在文中，铃木还以"日语亲属名称""日语人称代词"为例进行了英语语言对照分析，得出了"文化制约着语言"的结论。在此基础上，苏贺绶开展了语言和文化专题研究，并设置了几个重要的专题——"跨文化交际和日语""文化的构造和语言""语言、社会、文化"，进行了多角度的语言文化关系研究。

日本语言文化研究在这一时期取得了重大的突破，这一时期也诞生了许多重要的日本语言文化研究成果，从某种意义上来说，这一时期也是日本语言文化研究真正意义上的开始时期。

同时，铃木孝夫的语言文化研究代表作《语言与文化》被作为起始标志，存在于日本语言文化研究历史中。因此，人们通常将 20 世纪 70 年代看作日本语言文化研究的初始阶段。

不可否认的是，这一时期虽然取得了重大的语言研究突破，但仍然存在一定的研究局限性，其研究范围并不广泛，所开设的研究领域

也比较狭隘。同时，文化方面的研究往往局限于日本人心理状态的研究，语言方面的研究集中在表达方式、词汇上。

纵观这一时期的研究成果，还有一些典型性著作，如《日本人的表达心理》（苏贺绥著）、《日语的词汇和表达》（铃木孝夫著）、《日本人的语言表达》（金田一春彦著）等。这一时期，"文化语言学"这一名词并没有存在于著作中，日本语言文化研究仍然被作为社会语言学研究的分支而存在。"文化语言学"概念初次出现于 20 世纪 70 年代末至 80 年代初。同一时期，学界逐渐有人在著作中提及"文化语言学"这一名称，一些大学开始开设"文化语言学"专业。

虽然，这一时期人们并没有明确"文化语言学"的具体含义。但是，当时的日本语言文化研究，已经逐渐摆脱了社会语言学的支配，并逐渐作为一门新兴的学科被诸多语言学者所认识与重视。

日本语言文化研究的持续进步，也带动了新研究成果的出现，如在《语言与国家》一书中，作者田中克彦从国家特征、民族特点的角度，对语言的特点进行了探究与论述。池上嘉彦曾多次倡导在语言文化研究中运用"日英对比"的方式，并提出了"语言和文化的类型论"，进一步对英语的句法构造特征、日语的句法构造特点进行了描述。

除此之外，牧野成一开展了文化空间与语言特点相关研究；1981年，碧海纯一在日本评论社发表了"关于语言和法律的研究"。在那之后，碧海纯一还出版了《语言文化丛书》，从文化目标的角度进行了语言研究。

值得注意的是，《文化语言学的构想》（苏贺绥著）一书对日本语言文化研究理论的进步，作出了不可磨灭的贡献。在文章中，苏贺绥不仅归纳分析了之前的研究成果，还提出了多元化的日本语言文化研究观点与视角。

苏贺绥指出，主要的日本语言文化研究领域包含：

（1）语言的组成——词汇（语义）的构成；文化意义，社会性的联想，社会性的语感；构思类型，惯用句特点，部分句法构造。

（2）语言的运用（一）——语言能力，语言知识；语感，语句使用的好恶；语言作品特点。

（3）语言的运用（二）——语言行动类型，包括非语言行动；会话、文章的展开类型；语言使用的构造和倾向；话题选择的好恶。

（4）语言的价值意识——语言观，语言思维方式。

在那之后，还出现了许多代表性的著作，如《"甘之"的语言学》（苏贺绥著）、《文化的语言学》（唐须教光著）、《日语的个性》（外山上滋比古）等。然而，这些著作并没有在研究领域取得相应的突破。

三、20 世纪 90 年代以后的语言文化研究

20 世纪 90 年代，奈良毅提出"文化语言学"的具体定义后，这一理念一直沿用至今。虽然不同学者在研究日本语言文化时，所认定的研究任务、研究对象、研究性质有所出入，但已经逐渐形成了系统化、理性化的研究体系。

这一时期出现了许多开创性的日本语言文化研究成果，进一步充盈的这一领域的研究缺口，主要的研究成果有：

牧野成一编著并发表的《内与外的文化语言学》，文章详细研究了日本人空间思维方式与日语语法之间的关系，从日本人空间思维方式的角度，对指示词、授受动词、日语语气等具体化的语法现象进行了详细解释，开创了全新的日语语法现象认知途径。

在《文化语言学的视角》中，氏家洋子对语言和人的关系进行了论述，探究了人的意识、思维同表达方式之间的关联，并研究了"不说话"式日本社会与语言表达方式之间的关系。在此基础上，他指出语言和文化是相互作用的，文化会制约语言的发展，语言也受文化的影响。

从 20 世纪 90 年代开始，日本语言文化研究开创了许多全新的研究领域，其范畴不再局限于多角度开展语言论述。自此以后，理论构建逐渐成为研究的重点，并取得了诸多可圈可点的研究成果，譬如《语言和心理的交际世界》（黑泽勉著）、《铃木孝夫文化语言学评议》

（铃木孝夫著）、《文化语言学概论》（藤本和贵夫著）等。

通过研读以上著作，不难发现日本语言文化研究的侧重点已经逐渐转变为"探究理论问题"。同时，其研究发展情况，在一定程度上受到了国际学术界语言研究趋势的引领。

实际上，自 20 世纪 90 年代以来，国内的日语研究者已经逐渐关注到日本语言文化的研究，部分学者发表了相关的研究文献。例如，王秀文的《日本语言与社会文化》，便是我国早期的日语文化研究著作。

如今，国内越来越多的日语教育工作者、日语学者，已经逐渐认识到研究语言文化是日语教学中不可避免的环节，日语文化研究在日语教学中占据着至关重要的地位。就当下而言，比较热门的研究话题有：日语教学与文化的研究、中日比较语言文化研究等，许多国内学者在相关领域获得了良好的研究成果。其中，比较典型的研究成果有：《强调"以心传心"的暧昧语言文化》（祝大鸣著）、《语言与文化》（鲍海昌著）、《文化语言学与日语教学研究》（胡振平著）等。

四、日本语言文化研究视角分析

从历史发展角度，总揽日本语言文化研究过程，不难发现本体论视角与关系论视角是其最为主要的研究视角。

（一）本体论视角

顾名思义，将语言自身作为一种文化本体进行研究阐述，便是"本体论视角"。在这一视角中，主要的研究对象是语言历史，其代表作为《日本的语言文化》，编著者为古田东朔。在古田东朔看来，语言本质上是一种文化现象，他将语言所形成的文化作为研究对象，侧重于研究现代日语基础的构筑过程，其研究范围较广，不仅研究了日本的江户语、上方语、近代语及古代语，还对具体的日语意识成型过程进行了分析。除此之外，山田明惠的《日本的语言文化 ll》，也是重要的本体论视角研究成果。这一著作从日语特点角度剖析了语言基础上的文化本质，研究内容涵盖日语的敬语、语法、词汇、五十音图、假名的发明、汉字、近代日语、日语历史，还对西欧文化与日语之间的发展关联进行了研究。文中着重论述了日语的演变历史，还对日语的未来发展情况进行了展望。

从研究特点来看，本体论视角将语言的本质定义为文化，认为语言是文化的一部分。也就是说，本体论视角下的语言论述，其实就是文化论述，研究语言的某个特点也就是研究文化的某种特点。

（二）关系论视角

在语言研究中，将研究核心确认为"语言与文化的关系"，就是"关系论视角"。这一视角认为，文化中并不包含语言，语言是一个同文化有密切关联的领域。依据不同的研究侧重点，可以将关系论视角进行划分，分为"语言中心关系论视角"（简称"语言中心"）与"文化中心关系论视角"（简称"文化中心"），前者将语言作为研究的重心，后者在进行语言研究时更为注重开展文化研究。

从定义上来看，将语言研究重心放在语言上，并从文化的角度进行相关研究，就是语言中心。以牧野成一的作品为例，他从日本人的空间思维角度，对日语语法进行了探究。而菊地康人在开展日语敬语运用研究时，选取了日本人社会心理的角度进行研究。

与之相对，将语言研究中心确认为文化，并从语言的视角开展文化研究就是文化中心。以《日语的社会心理》为例，苏贺绥将研究重点放在了日本文化、日本人文化心理的论述上，通过进行日语特点分析，对日本人具体的社会行为方式、心理特点进行了探究同时又说明了日本人的心理是如何反映在语言上的。

上文中提到的《语言的文化》这一著作也将文化作为了研究中心。除此之外，许多著作并没有选取单一化的语言视角进行文化研究，也没有单向地从文化视角进行语言研究。因此，日本语言文化研究的部分著作采取了双向研究的方式，既从文化视角探究了语言，又从语言的角度论述了文化。以《文化的语言学》为例，唐须教光不仅分类论述了语言与文化的功能、构造等内容，还对研究语言与文化相互作用的必要性进行了说明。

此外，还可以从研究内容角度对关系论视角进行划分，分为微观研究与宏观研究。从文化特点角度，进行日语某一特定语言现象的研究与论述，就是微观研究。例如，牧野成一在开展日语文化研究时，曾将某一具体的日语语法现象（如时态等）同日本文化进行了融合研究；又如菊地康人在其著作《敬语》中，将日语敬语的运用特点同文化因素进行了结合研究，这也隶属于微观研究的范畴。

在结合文化特点分析的基础上，开展概括性的语言使用特点论述，就是宏观研究。譬如，在《日本人和日本语》中，野元菊雄在日本人心理与日语潜在关系的基础上，对日本人具体的语言心理进行了阐述，进而对日语使用的整体特征、日本人日语运用习惯、使用好恶进行了概括研究。此外，苏贺绥的《日本人的表现心理》《日本人和日本语》等著作，也是宏观研究的代表作。

五、今后的课题

从历史角度，纵览日本语言文化研究历程，不难发现这门学科仍然面临着许多亟待解决的问题，主要表现在以下两个层面。

（一）定位问题

定位问题囊括学科的研究方法、研究对象、研究范围、理论基础，及其与其他相关学科的关系。日语语言文化研究的定位，不仅与该学科的性质有关，而且是关键性的学科研究方向决定因素，但是解决这个问题显得十分困难，面临着诸多挑战。

首先，文化概念的含义是极其复杂的。目前，语言学界仍存在争议和讨论，这也是日本文化语言学没有统一定位的因素之一。其次，到目前为止，日本语言和文化研究的内容、形式及方法是多样化的。从语言方面来看，既有对语言介绍的宏观研究，也有对语言具体用法的微观研究。在文化层面来讲，其不仅包括心理、信仰、价值观，还包括政治、社会制度等内容。最后，关于日语文化研究学科的定位，由于涉及范围十分复杂、相关学科众多，很难有效解决其与其他学科间的关系问题。它涉及与民族语言研究、跨文化交际学、语用学、社会语言学等学科的关系。因此，学者们对日本语言文化研究的性质、对象和任务，并没有形成统一的认识。

从理论角度来看，与英语、俄语相比，日语研究存在明显的滞后性。然而，无论情况多么复杂艰巨，作为一门学科出现和发展的日语文化研究，其定位问题必然是首当其冲需要解决的课题。

（二）教学问题

如今，跨文化交际迎来了迅猛发展的时期，只进行语言本身的研究，显然无法满足人们的实际交际需要。若人们不了解一个国家的文化背景，只掌握语言的语法、词汇，往往不能顺利地进行跨文化交际。因此，日本语言文化研究的发展，不仅是日本语言学家的任务。如何将日语语言文化研究应用到实际的语言交流中，如何将日语文化应用于日语教学中，如何在包括中国在内的各国间开展日语与日本文化相结合的教学，以适应与促进跨文化交流？正是所有日语教学国家面临的现实课题。

于国内日语教育者、研究者而言，要结合自身的文化背景和语言特点，通过对比中日语言文化的异同，找出一套适合中国日语教学需求的方法体系，还要注意积极借鉴其他国家（含日本）的研究成果。

第三节　日本语言表达的特征

中日两国虽然一衣带水，但由于诸多因素的影响，两国之间仍然存在着很大的差异，尤其是在语言和文化方面。虽然，日本在中日交流的过程中吸收了诸多中国的语言、文化元素，表现出一定的中国特色，但日本的地理环境、风俗习惯等同中国存在显著差异，其语言和文化必然有自己的独特性。实际上，作为日本文化重要载体的日语，反映出了日本民族的个性和历史。因此，日本语言文化通常拥有着比较鲜明的表达特征——暧昧性。这在很大程度上，是由日本民族独特的思维习惯所决定的，这一特征也是日本跨语言文化交际差异的重要诱因之一。

一、日本语言文化形成的独特背景

相较于世界上其他民族，日本人具备较为明显的个性特点，他们往往显得十分含蓄、谦逊，十分推崇团队合作精神，谦让精神体现在日本人生活的方方面面，其为人处事崇尚"和为贵"的原则。日本人独特的处事原则与个性特征，在很大程度上决定着他们的语言文化特点。不可否认的是，其语言文化的形成，也受到了传统生产方式、地理环境的影响。

（一）独特的地理环境

作为岛国，日本的领土四面环海。在社会发展初期，其内部经济发展情况并不先进，在很长一段时间内施行着"闭关锁国"的外交政策。与此同时，其丰富的海洋资源，也在一定程度上决定了其经济作业形式以渔业和农业为主。这些劳作形式更加注重默契性与合作性。久而久之，日本人养成了推崇团队合作精神的社会习惯，他们十分重视团体合作方式。除此之外，日本领土以山地为主，其农耕经济是建立在山地上的，极易产生耕地冲突。因此，日本十分注重协调农户之间的关系。久而久之，日本人养成了换位思考的社会思维方式，其集体观念较强烈。

（二）传统的"和为贵"思想

在经济发展历程中，日本为了有效调节民众间的冲突与矛盾，开始了长期性的社会关系构建工作。这一活动，在很大程度上影响了语言文化的发展，使得日本人养成了运用委婉含蓄的方式进行表达的语言习惯。在这样的社会背景下，若个体出现违反集体思想的行为，会受到社会各方的排斥与耻笑。因此，日本居民极其重视周边关系的建设。有些时候，日本人甚至会将自身的观点排在他人观点之后，十分重视他人的看法。在这种社会道德标准下，日本社会内部逐渐形成了重视个人与集体关系的社会风气，谦逊是其最为主要的语言表达发展趋势。

二、日本语言文化的表达特征

日本人的思维模式与性格习惯，往往集中体现在其语言文化表达特征上。作为日语学习者，只有充分了解日本文化与日本语言，才具备了学好日语的基础，才能够更好地使用日语。日本语言文化的表达特征，主要体现在以下几个方面。

（一）强烈的内外意识

同其他民族相比，日本人的内外意识一直十分强烈。因此，日本人在使用日语时，很少会运用到第一人称或第二人称相关词汇，如：你、我等。若使用这些人称代词，则可能被认定为交际刻板、关系生疏。日本人在使用日语时通常会运用一些内外分明的措辞或敬语词汇，来区分表达中的你、我。此外，授受关系句型也被作为日语中区分你、我的句式。这同中国语言存在显著的差异，汉语中并不存在相似的表达方式，更没有衍生出相关的词汇。究其原因，主要是中日文化差异引发的语言区别。除此之外，汉语中也很少出现日语常用的寒暄语，如礼节性天气寒暄语等。

（二）委婉的语言表达

用语委婉客气是日语最为显著的表达特色之一。这在很大程度上，受到了日本"以心传心"意识与"和为贵"思维的影响。在此情况下，日本人在交际时往往更注重与交际对象维持良性的互动关系。许多日本人会为了保持良性互动而特意营造和谐愉快的相处氛围，确保自身始终在交际过程中维持愉快的心理状态。因此，日本人在交际时，习惯于考量对方的感受，会最大限度地使用能使引发对方好感的语言句式。哪怕是在不明确对方交谈愿望的情况下，日本人也会尽可能地避免语言表达方式引发的交际冲突，不在交流过程中激发对方的不满。

长此以往，日语中便出现了许多充满委婉特征的应对式回绝答语，这些表达方式能够有效消除交际对象的情感排斥或愤怒。日语交际中并不存在明显的"是否"对立概念或意识，日本人也不乐于在"是与否"中作出选择。

在实际的交际中，日本人往往更关注呵护交际对象的情感。因此，日本人在交际中几乎不会使用到刺激性的语言表达方式，他们往往更善于依据交际对象行为的转变，选取委婉的方式来表述自身的交际需求与意愿，通常体现为欲言又止式的意愿表达，这也充分反映出日本人的思想文化。基于此，我们在同日本人开展交流时，要十分注重语言表达的委婉性特点，理解他们的交际意图，顺利完成交流。

（三）模糊的语言表达

受暧昧性语言特点的影响，日语表达存在一定的模糊性，其语句表达可能会显得模棱两可。在具体的交际中，日本人更倾向于选取含糊性的词汇，或采用间接表述的方式进行沟通，这也使得交际对象很难精准把控交际者所表达的真实含义。例如，部分日语词汇会因为使用语境的差异，呈现出完全不同的含义，往往需要语言接收者通过语言环境来判断语句意思。与此同时，在开展地点或时间叙述时，日本人往往习惯于使用模糊性较高的句型或词汇，以求在交际过程中留有话语余地或空间。因此，日本人习惯于将概数运用于数字或时间之后，强化语句的模糊性。

（四）敬语的广泛使用

在日语中，比较独特的语言表达方式是敬语。敬语作为一种语言表达方式，指交际中的表达者会依据自己与倾听者的关系，选取恰当的词汇，来表述自身对倾听者的敬意。在日语对话中，敬语是一种至关重要的表达方式。同时，敬语也是日本人交际方式与思维方式的重要体现，集中反映的日本社会文化中的利益关系、先后关系与上下级关系。

在交际中，后者往往会被要求使用敬语，要避免直呼前者名字的行为，否则会被视为不懂分寸而受到交际对象的排斥。日本人对敬语的使用，主要体现在以下几个方面：

其一，受"和为贵""群体中心"及"序列意识"等道德规范的影响，日本人的言行、思维方式受到了严重的制约，使得日本人呈现出诸多独特的性格。比如，日本人很注重社会评价，经常因为别人的话影响自己，对外界有一种恐惧感。因此，他们善于观察对方的情绪、意图，不善于积极沟通。在与"外者"交流时，他们十分容易感到"尴尬"和"害羞"。

其二，在日本人看来，群体是由利益关系组合而成的。所以，他们非常重视"义理人情"，把"有恩必报"作为一种美德。从父母的教养到吃饭喝茶，都被作为"恩情"，会被回以真诚的"谢谢"。

其三，日本文化的他律性在日本人不爱交际的内敛性格形成过程中，发挥了不可忽视的作用，这也是"克己"的自我压抑引发的。在人际交往中，日本人将"沉默"看作一种美德，提倡"以心传心"、能言巧辩者则被别人所鄙视。因此，日本人很少与人争论或讲道理。在与人交谈时，他们总是多听少说，习惯于附和，很少通过侃侃而谈的方式发表自己的观点。

其四，于日本人而言，哪怕有明确的自我主张，他们也不会直接地表述出来，不会出现诸如"我的意见是这样的""我认为是这样的"的句子。究其原因，是为了表明自己不将主张强加于人，给彼此留下思考、判断的空间。这种语言行为，往往不为外国人所理解。它被认为是模棱两可的，十分容易产生交际误解。

（五）省略的表达方式

拒绝是交际场景中不可避免的环节。然而，受"以心换心"交际思维、"和为贵"社会思想的影响，日本人往往不会直接进行拒绝化的表达。日本人习惯于运用省略的形式，来缓解拒绝式表达引发的尴尬。例如，在使用日语交际时，若交际者表述的语句出现句子成分、人称代词省略的现象，则昭示着交际者拒绝了对方。例如，初见时通常会运用到"初次见面"，却习惯于将"请多关照"进行省略，这也体现出日本人语言逻辑习惯中的省略化表达。

除此之外，当日本人在交际中面对一些交际双方都知晓的信息时，便会在表达中自动省略相关内容。于日本人而言，省略表达是极其常见的语言表达方式，但对于其他语言文化背景的人来说，这种省略化的表达方式，却间接加大了交际理解难度，使其很难理解语句的真正含义。

（六）多意的表达方式

首先，日语中存在一词双义的表达方式，即同一个词在日语中可以有不同的意思，甚至可以表达相反的意思，这就要求日语学习者根据具体的语境做出正确的判断，否则就会引发语言交际失误，甚至造成误解。我们可以通过说话人的面部表情、行为举止，来进行话语词汇真正含义分析。虽然，日本人的出发点是为了给沟通留点空间，但实际上是增加了沟通的难度。因此，必须深刻理解其间接、委婉的语言表达方式，准确把握其语言空间，弄清楚说话人的真实意图。其次，日语中会存在一些隐含的含义，需要交际者自己进行把握。在交流中，日本人侧重于进行情感交流。因此，即使他们不同意对方的观点，也会机智地运用委婉的形式进行表达。在此情况下，需要对方准确地理解说话人的隐含意思。这是日本人体现教养、礼节的途径之一，也是其换位思维的重要体现。

（七）否定与推测的表达方式

为了提前避免邀请或拜访表述遭到拒绝引发的尴尬，日本人习惯于在提出邀请需求或拜访请求时，运用否定化的语言表达进行沟通，也就是通常所说的日语否定形式。这一形式，蕴含的意思与否定语句内容相反，这也体现出日本语言交际中的"留余"现象，是日本人尊重交谈对象的体现。同时，相较于其他日语形式而言，否定形式往往具备更高的灵活性，是一种更为圆滑的语言形式。除此之外，在表述谦逊的态度时，日本人也会选取"推测式语句"进行表达，充分体现他们尊重他人感受的良好交际品质。

第四节 跨文化视域下的日语交际规则

一、作为文化要素的语言行为

（一）语言与文化

个性作为人类的基本特征，不仅存在于人类社会（群体）之中，也存在于个体成员身上，而存在于群体之中的个性，就是通常所说的"文化"。总体而言，文化在本质上是由人类社会后天创造的，并通过传统的形式，进行沿袭的生活方式与意识形态。具体而言，文化是一个综合性的复合体，不仅包含习惯、法律、道德、艺术、知识等内容，还包括人类个体在社会中所习得的习性与能力。

从文化保持角度来说，其单位是群体。但是，不同的群体有大小之分，群体之间的关系也有上下之分。因此，真正意义上的文化群体单位，被确认为"民族"。实际上，分布在地球不同区域的人类群体，在自身的历史发展过程中，逐渐延伸出了个性化的单位群体——民族，并孕育了独特的民族文化。可见，民族文化与民族是同时存在的。作为最根本、最巩固的群体个性承担者，民族在很大程度上也是一个文化共同体，是自身文化的集中体现。

在民族内部，也会存在许多文化群体，如地域社会文化、职能集团文化、家族文化等，为了更好地将这些文化与民族文化进行区分，这些文化群体被归为了"下位文化"的范畴。

文化作为一个包罗万象的复合体，由技术、制度及衍生而出的文化财产和各种文化要素组成。其中，民族思想倾向及行为模式被认为是文化的"中枢"。语言行为内含于群体成员行为之中，是人类在群体中开展社会生活与交际的普遍行为之一。因此，语言行为应该隶属于社会中枢或本体，是其重要的组成成分。

（二）语言与环境

同其他人类行为一样，语言行为也与特定环境存在关联。实际上，不同的环境往往拥有特定的社会规范与系统，这一系统由社会文化、民族构成，对群体内部的人类行为起着不可忽视的约束作用，是建设群体行为理解力的"润滑剂"。

文化具备一定的民族性，语言也具备高度的民族性，当民族在人类历史上作为一种在语言、居住地域、经济生活、心理状态上稳定的共同体出现时，语言就深深地打上了民族的烙印，成为民族和民族文化最典型的表征。

（三）文化要素中的语言形态

若将文化要素看作一种行为形态，那么语言行为就是最为主要的项目，语言行为模式也是至关重要的文化要素。语言行为往往拥有着特定的行为模式，这一模式存在于民族交际之中，体现在民族内部的人际交往习惯上。对于同一民族而言，这种习惯是习以为常的；但对外来民族来说，一旦在民族交际过程中违反该民族的习惯，就会激发该民族内部人员的抵制情绪，继而引发交际障碍。因为每个民族都以自己的文化为中心，都把自己文化对世界的看法看作人类的常识，因此难以接受他文化。

可见，只具备单一化的语言体系知识，并不足以支撑交际者形成得体的语言行为。缺乏恰当性的语言行为，会对社会生产生活产生一定的负面作用，不利于个体成功进行交际。从社会语言学角度来看，部分观点认为：在交际过程中出现语法的错误，往往可以获得交际方的理解；但出现文化错误时，则很少会被宽容与接受。因此，要正确掌握某种语言，必然需要先充分理解语言创造者（民族）的价值观念、思想方法，单纯的语言能力提高并不能完全消除文化隔阂。

从某种意义上来说，语言与文化作为一个统一体，两者之间是互映互动的，语言通常被作为文化的表现形式而存在，而文化则被看作语言的基本内容。因此，研究与学习日本社会与文化，是日语学习者必须要做的功课。唯有如此，才能从真正意义上掌握日语并正确使用。

二、日本语言交际特征

众所周知，语言具备一定的社会性与民族性，语言使用者也具有鲜明的社会属性、民族属性。在学习语言时，要注重在社会与民族背景下将语言和人进行有机结合。在开展民族性研究时，我们习惯于将日本社会看作群体文化，将西方社会看作个体文化。相较而言，处于群体社会中的人，具备较高的社会依存性，其独立意识并不强烈，交际能力也有所欠缺；而处于个体社会中的人，则具备较高的个体独立意识，拥有着较强的交际能力。当然，语言行为也会在一定程度上反映出人的社会性。差异化的民族人格结构，决定了人类行为上的差异；而文化社会结构，又在很大程度上影响着民族的人格结构。因此，语言行为同社会结构、人格结构之间存在一定的交叉性，三者之间的关系是呈现网状的。

通常而言，个体人类的性格构成由先天性性格、后天性性格组成。人在社会、学校、家庭中逐渐培养而成的习惯性性格，就是后天性性格。后天性性格，在很大程度上会受到文化的支配。

从民族和语言行为的角度来看，习惯性性格往往具备着较高的社交性特征。相对而言，西方社会具备较厚的社交层，日本社会具备较浅的社交层。

社交层是指在个体进行外部接触时，允许接触方摄入的范围，也被称为"对人黏着层"。社交层的厚度与个体的社交能力正向相关。社交层薄，表示交际者不具备良好的社交抗压能力，不善于交际；社交层厚，表示交际者善于社交，且具备良好的社交应对能力。对日本人来说，其社交层较薄，很容易在社交过程中受到伤害。因此，他们为了有效避免社交过程中的心理伤害，会选取独特的语言行为进行表达，并呈现出多元的表达特征。他们在交际过程中习惯于运用含蓄、委婉、间接的语言进行表达，不习惯同其他人进行争辩，会尽量避免激烈的言语和词汇。同时，日语中也很少出现辱骂式、秽语化的词汇，很少出现过于直接的言辞。

除此之外，社交层也在一定程度上体现着个体的独立程度、自我认可程度。受制于较薄的社交层，日本人的自信程度并不高，因此会十分关注他人的评价，进而形成的所谓"耻羞文化"亦与此关系颇大。

可见，社交层薄的民族更容易形成自我保护式的文化特征与民族心理。体现在日本文化中，便是常见的"群体主义"或"群体心理"特征。这一特征难免会折射于日本人的社会生活之中，进而形成独特的社会生活特点，并对民族内部的社会行为模式进行规范，也在一定程度上规定着日本的交际方式、语言行为及语言表达。

受群体主义社会的影响，日本居民还遵循着"序列"的行为准则。这种序列方式，往往依据经历深浅、资历长短、身份贵贱、地位高低、年龄长幼进行排序。日本人习惯于依据序列办事，很少出现"自我突出行为"与"冒尖行为"。

三、日语的交际规则

对我们来说，了解日本人的社会文化特点与语言交际，是为了解决跨文化障碍，从而有效地与日本人进行交际。

跨文化交际并不是一件轻松的事情。文化包含交际，交际包括语言。运用语言工具时，交际就需要运用到语言能力。没有语言能力的语言交际，是天方夜谭。但是，要顺利进行交际，仅仅具备语言知识是不够的，还必须充分了解交际对象。若你对交际对象一无所知，你就不能取得交际上的成功，这种知识可以称之为文化能力。

语言能力与文化能力结合后，形成了语言交际能力。语言交际能力存在于语言和文化之间。它不仅包含了"语言"研究中不作解释的规则，如发音、写作、词汇、语法规则等，还包含了交际的一般规则，只有顺应这些规则才能顺畅交流。

（一）启动规则

在开展跨文化交际时，最难突破的便是"如何开始交谈""怎样进行交谈"。这里面不仅包含语言规则，也囊括了许多文化规则，开始交谈时的交流规则，也被称为"启动规则"。在进行日语交际时，首当其冲要考虑的是"问候用语"。譬如，在汉语中我们习惯于用"去上班吗？""吃饭了吗？"等作为打招呼或问候的语句，表示我们友好的沟通态度。不同的是，日语中的问候往往集中在群体融合与行为赞赏方面，并不会过度关心对方的私事。比如，在早上碰面时会使用到专门的"起早问候语"，主要夸赞对方起得早，表示对方很勤劳。在白天，往往将天气情况问候作为沟通启始用语，如"今天天气真不错""又要下雨了"等，以此强化沟通中的群体认同感，并不会出现直白的"你好"等语句。在此情况下，无论个人感受如何，必然需要先附和对方的语句，更不会进行否定回答，不然就会产生沟通阻碍，使得沟通无法顺利进行。

面对初见时的自我介绍，日本人会先"自报家门"，并不会先过问对方的称谓与姓名，日本人在自我介绍过程中更为关注介绍者的职务、单位等社会性的信息，并不会过度关注个体的名称。因此，他们通常会在自己的名称前加入"某某大学的""某某公司的"等语句。唯有如此，日本人才能从社会交际的角度，正确把控交往尺度。

一般而言，在交谈进入正题之前，日本人习惯于花费一定的交谈时间摸清对方的兴趣点，如感兴趣的热门话题、天气情况等内容，以此拉近双方的关系，为后期的感情交流打下基础。究其原因，是由于日本人不擅长同群体外的陌生人进行沟通，进而设置了这一环节。出于这一目的，交谈者会更为注重交谈对象的感受，很少出现夸夸其谈、口若悬河、自说自话的交流情况。唯有如此，才能获取对方的交流信任，提高交际对象对自己的好感。当有长者在场时，更为注意将话语权交给道长者，确保长者为交际起始者，学会保持沉默，避免盲目开口。对日本人来说，将长者硬拉入谈话之中或接二连三地对长者发问，都是社交礼仪缺失的行为。

（二）参与者规则

单一个体是无法完成交际的，有参与者才能称之为交际。当不同的参与者加入交际中，便会形成网格化的交际体系，并形成相应的参与者规则。

在运用日语同日本人进行交流时，要着重关注交际中的内外关系、上下关系，有时也需要关注到交际双方的利益关系。面对不同的交际关系，需要做出不同的交际举止，并使用不同的语言变体。一般而言，当交际对象是利益施予者、外者或长者时，就需要在表达过程中充分展示敬意。比如，尽可能地考虑交际方的期望与需求；谨慎选取话题；保持谦恭的交流态度；采用客气的称呼；使用敬语变体等。

当然，要做到以上的行为，需要在交际过程中对交际对象进行详细的观察分析。当交际对象超过两个时，还要先弄清楚交际对象之间的关系，以此判断重点对象，将更多的注意力放在重点的交际对象身上。同时，还要考虑到长者与下者双方的感受，不能只顾着下者，而忽视了长者，这属于破坏"序列制度"的行为，是不可取的。在内外关系、上下关系以及利益关系错综复杂的交际环境中，正确处理交际内容具有挑战性。譬如，当公司内部的职员同经理进行沟通时，双方是上下级的关系，交谈上也需要有上下之分；但是，当其他公司的经理介入谈话时，职员不仅需要交谈中关注上下之分，还需要将谈话侧重点转向"外人"，谈话的重点尊重对象就转变为了其他公司的经理。又如，A 老师在同其徒弟 B 先生进行交谈时，B 作为学生，A 可以称 B 为"B 君"；当 B 的学生 C 加入谈后，B 的交谈地位也会随之转变，A 在此时只能称呼 B 为"B 先生"。

当然，在面对特殊的交谈情境（有求于人）时，交谈关系就不再局限于自然关系中，"需求方"要向"供给方"表达充分的尊敬。可见，日语中的交际关系是流动的，其流动转向受制于文化根源。

（三）内容规则

一般来说，所有的语言交际活动，都会具备一定的目的，其具体的目的则通过内容进行反映。于日语交际而言，双方感兴趣或共同经历的事物、地点，是非常不错的话题内容。

　　日本人在交谈中，并不会刻意规避本国政治、社会及制度等敏感话题，往往都愿意针对相应的话题发表个人见解，也很愿意聆听他人的观点。值得注意的是，受日本天皇制度的影响，日本人并不会去谈论与天皇相关的话题，天皇问题也被看作日本人交流过程中的敏感话题。同时，日本人比较排斥在交际过程中，提及个人年龄、财产与收入情况等私密性的内容。

　　除此之外，日本人很少会在交际过程中提到个人相关的问题，更不会直截了当地将自身的需求、愿望、主张进行传达。面对相关话题时，他们习惯于用含蓄、委婉的方式进行表达，若交际方能够清楚认识到这一点，交际就会进行得非常顺利。比较特殊的是，日本人在日常生活中对交际方的称赞，建立在期望对方以此进行自我否定或感谢前提上，其交谈需求并不是让对方认可自身的观点。

　　在现实生活中，日本人在交流过程中的称赞，往往只是为了表达自身友好的交流态度，并没有相应的事实根据。因此，再进行交谈方长者评价时，不能使用夸张或夸奖的形式。比如，在听取日本教授的演讲后，不能对教授说"讲得太好了"之类的话语。如果说出这样的话，教授很可能会觉得你在批判他的言行。与之相反，这时更应该说"我学到了很多东西""谢谢您"等表达感激的话语。

　　若日本人在交谈中出现"频频点头"或"随声附和"的情况，并不意味着他认可你的看法或意见，而是一种礼貌性的交流举止，其意思为"我有认真听您说的"。面对不认同的观点或看法，日本人习惯于先对对方观点进行肯定，之后选择沉默或转移话题。这一举止，是为了避免使交际方觉得难堪，继而影响自身的人际关系。

　　同人类的其他行为一样，语言行为也受到诸多规则的制约。然而，受制于交际元素的复杂性与多变性，很难对复杂多变的语言行为规则进行十分清晰的归纳整理。因此，本书的研究层面，仍然停留在尝试探讨日本语言文化交际与语言行为上，旨在解决跨文化交际中的沟通障碍，但是，研究系统性存在一定的欠缺，因此只能作为"抛砖引玉"之作。

第二章 跨文化视域下的
文化导入与日语教学

语言在本质上是一种文化的载体。要了解真正的语言，需要从文化视角对语言进行考量。让学生具备使用日语知识进行跨文化交际的能力，是日语教学最为主要的目的。在日语教学中导入相应的日本文化，可以帮助学生优化日语综合水平，提高其跨文化交际能力。

日语也在一定程度上体现着日本文化。同其他民族语言一样，日语的形成与发展也受到了本国文化的影响。日语教学若脱离了日本文化，就会显得十分枯燥化、抽象化、孤立化。可见，在日语教学中插入相应的日本文化，是十分必要的。从教学角度来看，导入同日语密切相关的日本文化，能够有效提高日语教学水平。

日语教学不仅要求教师对日语语言知识进行详细的讲授，还要求教师适当引述同语言相关的日本文化知识。只有这样，才能让学生对日语文化背景产生充足的认知，进而带动教学效果的提升。

第一节 日语教学实践中文化导入的紧迫性

语言是国家与国家、种族与种族、人与人在历史发展中汇聚了民族心理、政经发展、种族演化与变迁、地缘变化等内容，并在各方作用下衍生而出的至关重要的交流工具，语言具备很强的传袭性。

从形成过程来看，文化决定着语言形成、丰富与发展的方向，也制约着语言形式的演变。特定区域的语言发展，会受到该区域文化精髓的影响，并依靠区域文化更新与扩充着自身的文化内涵。久而久之，语言变得越来越缜密、精确。

在学习语言时，需要先对不同文化独特的非语言与语言行为功能进行正确的理解与识别，从文化内涵角度对常用词汇进行理解与记忆。只有了解一个国家的背景文化，才能将不同国家的语言进行明确的区分，逐步掌握特定国家的语言使用特征，并在交际中使用恰当的语言顺利完成沟通。

一、日语文化导入划分

不同语言教学者所采取的文化导入策略往往有所出入，导入内容与方式也因人而异。这是由两个方面的因素导致的：其一，不同教学者的语言文化把控程度存在差异性；其二，面对不同的语境、语义与语言，其背后潜藏的文化背景也有所区别。

从日语教育研究成果来看，很少有教育工作者会在日语教学中开展体系化的实验性教学，或开展相关的教学研究。教育者更偏向于在课堂中开展笼统化的讲解，部分教育者也存在侧重文化背景讲解而忽视语言传授的现象。

在日语教学界，有学者对文化导入内容进行了归纳，分为：日语语言之外的相关文化、日语具体交流中的文化、日语篇章相关的文化与日语词语相关的文化这四个方面的内容。

当然，这种划分形式，也只是学术界所提倡的日语文化导入局部划分方式之一。事实上，学术界并没有从整体角度，将日语教学内容进行明确划分。同时，这些划分方式的过程存在诸多交叉之处。

此外，部分学者认为，用语语境文化、语句自身文化以及词语构成文化，是日语教学文化导入的三类内容。在差异化的语句语境中，词语构成文化会出现明显的差异性。地方语言使用特色，也在很大程度上影响着词语的构成文化。

综上所述，当下教育界对日语文化导入的划分，并没有统一的定论。但是，其他外语教学手段的持续进步，也激发了日语教育界对"语言与文化的教育契合深度研究"这一话题的关注度，日语文化导入的划分正在日趋完善。

二、日语教学中文化导入的现状

文化导入作为一个新教学理念，是近几年才提出的。所谓的文化导入，是指在语言教学中引入文化内容，这一概念将文化教学与语言教学进行了有机结合，有效延展了外语教学的实践性原则。虽然，许多学校都认识到了文化导入与语言教学的重要性。但是，在具体的日语教学中，文化导入的运用程度并不高，存在明显的文化导入缺失。

（一）重视程度不够

受传统日语教学模式的影响，语法翻译法是教师常用的日语教学方法，这一教学方式侧重于开展句型练习、语法分析与词汇精讲，更关注教学中的语法、语音与词汇元素。同时，这种教学方式并不注重学生跨文化交际能力、文化识别能力与非语言行为能力的培养，也不重视语言运用过程中的语用与语境问题，滋长了"轻文化导入，重语言教学"的现象。在此背景下，只注重词汇、语法与语音学习的学生，很难具备正确使用日语进行精准表达的能力，也无法将交际意图通过流利的日语进行表述，更有甚者会出现套用汉语习惯来讲述日语的情况，十分容易引发交际上的困难。

除此之外，很少有学校会设置专门的日语文化课程。在学习日语时，学生很难通过教学了解日本的社会文化、居民生活习惯及风土人情等文化内容。虽然，部分学校针对日语专业学生，开设了专门的日本概况、日本社会文化论等课程，但这些课程对日本文化的讲述比较精简抽象，学生很难通过相关课程了解必要的语言文化背景知识。同时，这些文化课程在总体的课时与学分分配上并不占优势，属于边缘化课程，没有引起教学双方的重视。

（二）教学模式单一

日语教学效果取决于教学模式。从当前的教学模式上来看，教师往往更侧重于开展语言智能训练，如：翻译训练、书写训练、读音训练、表达训练、听力训练等，几乎不会开展针对性的文化导入教学。

久而久之，学生就无法依据具体的交际文化背景，选取恰当的语言开展跨文化交际，也就缺失了得体化的语言能力。在日语交际中套用汉语语用模式的情况十分猖獗，经常会出现令人贻笑大方的尴尬现象。例如，单一句型训练，往往只会对句型朗读与句式套用进行机械化的教学，很少将语音语言配套的非语言文化行为（如：表情、肢体行为等）传授给学生，使得学生无法在同日本人交往时有效协调肢体语言与语句。虽然，很多学生都拿到了国际日语能力一级考试的合格证，但却不具备良好的跨文化交际能力，无法在工作交往中同日本人顺利交谈，甚至引发了交际误会与摩擦。

（三）教师对日本文化的了解不到位

一个优秀的外语教师，不仅要具备基本的语言技能传授能力，还要熟知目的语国家的文化知识。然而，现实中绝大多数日语教师，并没有开展足够的日本文化学习与研究，对日本文化的认知度并不高。

在日语教学中，很多教师对日本的文化、习俗、历史等知识所知甚少，只能进行单纯的语法、词汇讲述，无法灵活自如地开展日本文化导入教学。再加上，许多教师并没有长期的日本旅居经历，甚至部分教师并未去过日本，因此其对日本文化的了解通常存在一定的不透彻性、片面性，对日本文化的感知仍然停留在直观的表象上。同时，部分教师并没有系统学习本土文化的经历，其文化功底并不深厚，更不知道如何去认知与理解日本文化。在以上这些因素的综合影响下，多数教师只具备了基础的语言技能传授能力，无法带领学生通过文化导入环节进行中日文化异同分析与比较，学生对日本文化的熟悉程度便很难深化，甚至出现了一知半解的情况。可见，只有具备高度日本文化认知的日语教师，才具备良好的日语教学能力，其所构筑的日语教学课堂，才能将学生培养成为既精通语言技能又熟知日本文化的实用型人才。

三、日语教学中文化导入的迫切性

目前，全球化趋势愈演愈烈，中日两国间的交流也日趋频繁，我国面临着大量的复合型日语跨文化交际人才需求。这些复合型人才，不仅要精通外语，还要在了解日本文化的基础上，具备良好的跨文化交际能力。日本的文化类型、语言体系同中国都存在着显著差异。因此，若无法从文化视角来进行语言知识传授，就很难让汉语思维模式已经固化的学生产生正确的日语认知，很有可能会出现语言思维模式上的误解。要对日语专业学生的学习成效进行评价，不能只看日语知识掌握程度，还需关注日本文化认知情况。若学生不具备良好的日本文化认知，其在同日本人进行交际时就无法选取恰当的场合用语进行沟通。更有甚者，会在日语表述中出现套用汉语习惯的情况，潜意识用本国文化标准去衡量日本的文化，进而引发交际上的障碍。这充分反映出，在高校日语教学中忽视文化导入，只进行词汇、语法等基础性语言知识的传输，是无法全面提高学生日语文化素养的，更无法栽培出高素质的跨文化日语交际人才。由此可见，文化导入是大学日语教学不可或缺的内容，只有在语言学习中插入日本社会文化、风土人情与思维习惯等文化知识内容，才能确保语言学习的趣味性，让学习者了解正确的日语文化内涵，全面优化其跨文化交际能力，达成真正意义上的日语教学目的。

第二节　日语教学中日本文化的导入

一、日语教学中导入日本文化的重要性

日语教学中，文化导入是基础性的教学条件，也是重要的日语教学优化路径。得益于文化导入，学生可以更快地进入日语学习状态，逐步形成日式的语言思维，对各类日语文化知识产生更为深刻的理解，优化自身的日语交际水平。因此，开展日本文化导入教学，于日语学习十分重要。

（一）在日语教学中导入日本文化能够提高日语教学的专业性

得益于邻国优势，中日两国之间的文化接触渊源流长。然而，受区域历史文化背景差异性等内容的影响，两国间的文化差异性一直十分显著。就语言文化而言，一词多义是我国汉语词汇的显著特征，这与日语完全不同。在日译汉时，若直接依照日文词汇所表述的含义进行翻译，就会出现词句晦涩难懂的情况，甚至会存在无法连词成句的现象，并出现许多翻译问题。因此，若无法将中日语言文化差异融入日语教学，教师就无法及时转变语言教学思维，更无法开展行之有效的日语教学工作。而在教学中导入日本文化，可以提高学生对日语词句含义的理解度，进一步优化其日语表述的精确度，进而赋予日语教学较高的专业性，降低日语学习的难度，推动学生日语交际素养的持续发展。

（二）在日语教学中导入日本文化能够提高日语教学的实用性

日语教学中难免会出现一定的语言差异，这对学生课堂学习、语言考试等环节的影响并不大，也不会大幅度增加学生日语理论题目的解决难度。但是，从语言运用角度来看，盲目运用日语学习理论成果，会引发诸多语言学习问题，阻碍着学生日语实践的持续发展，也不利于其取得良好的语言实践成果。

除此之外，同一词汇在中日文化中可能表述着截然相反的含义。例如，一些词汇在日语中是贬义的，但其在汉字中则是褒义的。面对这种文化上的语言差异，若学生并不理解其在日本文化中所表示的意思，就很有可能在日语交际中因误用而出现表述歧义，导致一些啼笑皆非的交际尴尬。在学生看来，他在夸赞对方某一方面的特点，但在日语应用者看来对方批评了自己。因此，唯有将中日两国的语言文化差异明确化，才能在日语课堂上构筑行之有效的日语文化导入环节，进一步深化公共场合中的日语使用价值，为学习者正确使用日语打下良好的文化基础。

（三）在日语教学中导入日本文化是确保日语思维学习正常进行的基础条件

一般而言，语言思维方式会因语言种类的变化，而产生显著的差别。这种差别，往往同文化背景息息相关。因此，只有将日本文化进行有效导入，才有可能帮助学生顺利完成语言思维方式的转变，尽快融入正确的日语学习氛围中。

地理环境等因素也在影响着日本的非语言文化，间接影响着日语教学。在日语教学中开展必要的日本生活环境学习，才能更好地把控日本人的思维方式，尽快帮助学生完成语言思维模式的转化，进入良好的语言学习状态，获得优异的日语学习成效。

（四）在日语教学中导入日本文化能够营造出良好的学习环境

日本拥有着丰富多彩的文化内容，其日常生活中的非语言文化内容十分丰富。其中，又以饮食、服饰等内容最为突出。以服饰为例，在婚礼中我国更偏爱穿戴红色的服饰以表喜庆，而日本人则会穿白色的婚服，诸如此类的差异还有很多。这些文化上的差异若运用得当，便可以成为学习探究欲望激发点，带动学生学习积极性的提高，督促学生开展自主学习。因此，导入日本文化还可以帮助教师营造优质的学习环境，带动学生的日语学习积极性，引导他们更好地开展日语学习活动。

二、日语教学中日本文化导入的价值

（一）语言因素的文化导入

1. 语言文化的导入可以使日语教学更纯正

日本对中国汉字与文化的学习，起始于唐朝时期。同时，得益于邻邦优势，两国在不同社会文化领域都存在一定的交流。但是，受两国社会历史背景差异性的影响，中日之间仍然存在着显著的语言文化差异，这些差异体现在方方面面。

在日语教学中，若教学双方无法从差异性的角度正确看待中日语言因素，就会出现教学不规范现象。可见，引入原汁原味的日本文化开展日语教学，能够在很大程度上确保日语教学的纯正性。

2. 语言文化的导入可以使日语教学更实用

在教学课堂或学校语言考试上，文化差异因素可能并不会发挥太大的作用，其实用性更多体现在语言实践上。若日语教学缺失了必要的文化差异因素学习，便会使教学成果很难经受住实践的检验，甚至出现令人啼笑皆非的日语交际尴尬。

这些语言文化差异具备极高的教学必要性。若教师无法将语言文化差异传输给学生，或学生没有在学习中注意到相关的差异，就会出现不可避免的跨文化交际尴尬与误会。例如，在日语中"妖精"是十分明确的褒义词，等同于精灵，这与汉语截然相反。若学生未注意到这一区别，就很可能会在日语使用者夸赞自己为"妖精"的时候，出现一些不必要的理解分歧，使交际无法顺利进行。可见，在高校日语课程中导入日语文化内容是十分必要的，日语教师要注重归纳与传授文化差异引发的中日用语区别。

除此之外，开展必要的日语文化导入，还可以在很大程度上扩充日语学习内容，加深日语教学的实用价值，突破理论日语知识教学带来的学生交际能力固化，改变当下日语教学重应试轻实践的状况。

（二）非语言因素的文化导入

1. 非语言因素的文化导入是用日语思维学习日语的基础

正如上文所述，语言在一定程度上体现着人的思维方式。通常而言，民族的社会文化历史是其思维方式的决定因素。同时，现今的社会文化与民族思维方式之间，也存在着十分密切的联系。例如，日本人受地理环境、历史发展等元素的影响，非常推崇茶道与武士道等。

以上这些元素，也是语言形成与发展的重要基础。从语言发展角度来看，地理环境、社会文化、历史因素等同语言是相辅相成、相互依存、共同进步的。因此，导入日本非语言文化元素开展日语教学，能够帮助学生深入了解语言使用者的生活环境，更深刻地把握日本人的心理状态，进而从文化角度有效认知日本人的思维方式，让其具备良好的日语学习文化基础。

2. 非语言因素的文化导入可以营造日语学习的氛围

非语言因素的文化导入，以日本居民常态化的生活习惯为主，如：数字认知、颜色看法、服饰文化、饮食习惯等。以数字认知为例，自古以来中国人便十分重视数字上的"调和"，很多偶数也被看作吉利的象征，这一现象不仅体现在建筑的对称上，也体现在诗歌的对偶押韵上。而日本人更喜欢奇数，日本许多古籍中的神仙通常是以三人组的形式出现的，日本神道教所供奉的宝物"三神器"也是以奇数命名的；"俳句"是日本古典诗歌的一大特征，这种句式往往严格按照"五·七·五"或"五·七·五·七·七"的字数进行创作，皆为奇数。

诸如此类的非语言文化内容还有很多，这些文化元素可以作为课堂导入内容，通过故事或视频的方式进行讲述，进而营造良好的日语学习氛围。在此情况下，学生就很容易将日语学习环境与中文学习环境进行区分，让其在无形中树立一种不同于汉语学习的语言学习态度，并使其深刻体会到日语学习的独特性。此外，教师在教学中要持续性鼓励学生树立自主开展日文原著作品阅读的意识，引导其选取符合自身日语水平的日文刊物或小说进行阅读，加上他们对日本人思维方式与风俗习惯的了解，间接提高日语教学的通畅度。

总体而言，日本文化导入环节于日语教学至关重要，有着极高的实践价值。当然，其具体价值的实现，往往需要建立在一定的日语知识掌握程度上，只有掌握日语句式、语法、词汇等基础性的语言结构知识，才能有效发挥文化对语言学习的推动作用。究其原因，文化与语言间虽然具备着紧密的联系，但语言作为一个独立系统有一定的封闭性。因此，在具体的教学中，不能盲目进行日本文化导入，需先让教学双方掌握基本的语言知识结构，再开展针对性的日本文化引入教学。唯有如此，才能更好地发挥文化在语言教学中的推动性，有效带动中国日语教学实用价值的深入挖掘。

三、日语教学中导入日本文化的有效途径分析

（一）合理应用差异化教学法

开展行之有效的中日文化差异性对比学习，可以帮助学生深入理解各个词汇的内在含义，对不同词句的使用场景产生清晰的认知，带动学生形成良好的日语学习闭环。

具体而言，日语教师可以从词汇角度开展文化背景讲述教学，并依靠相关的文化背景知识，构筑良好的日语学习情境，充分激发学生日语学习思维的活跃性，寓教于乐地进行日语内涵输出，帮助学生更好地熟悉日语文化知识。

例如，在讲述日语词汇"妖精"时，教师可以灵活运用类比教学法，进行讲述。先对汉文化中的妖精进行讲解——即妖魔鬼怪，为贬义词；然后引入日文"妖精"的词汇来源故事，让学生深刻理解到"妖精"在日语中的含义是"精灵"，是一个褒义词。如此，就可以让学生充分感受文化背景引发的各类词汇含义差异，将本土语言思维同日语思维进行有效区分，让其掌握词汇的正确使用方式，提高其跨文化日语交际实践能力。

（二）引入多媒体教学手段

教材与黑板是传统日语教学中最为常见的教具，再加上教师往往采取讲授式的方式开展教学，传统的日语教学课堂显得十分沉闷枯燥。在此情况下，学生很难产生学习兴趣，其学习成效并不理想。针对这一情况，教师要及时发现现代教学技术的进步，引入多媒体的教学手段，营造一个生动有趣的教学氛围。具体而言，教师可以先依据教学课程标准与内容，与学生进行教学方案制定探讨，制作出具备高度针对性的教学方案。然后，通过多媒体技术，将教学内容依靠视频、动画、图形、语音播报等形式进行展现，吸引学生的课堂注意力，培养其学习兴趣。最后，教师还可以设置一些开放性的语言学习展示活动，让学生通过小组合作的方式，收集相应的语言学习成果或资料进行课

上多媒体展示，提高学生对学习内容的理解度，加深其学习印象。

（三）丰富课外活动

在日语教学中，若只进行单纯的语言知识传输，就会显得十分枯燥无味，也无法调动学生的积极性。因此，在教学中设置相应的课外活动环节，显得尤为重要。教师可以依据教学内容，设置相应的活动主题，组织多元的课外活动，以此构筑良好的日语学习环境，间接地激发学习自主性。教师可以先对学生进行分组，然后再设置相应的语言实践主题，制定相关的课外活动方案，让各组学生在主题的引导下开展课外日语交际活动，通过持续化的课外日语实践活动，逐渐优化学生的日语交际能力。

总体而言，中日两国间的文化差异性十分显著。在日语教学中依照汉语思维方式开展教学是不可取的，会严重阻碍教学质量的提高，甚至会阻碍学生日语水平的持续提高。因此，在日语教学中加入文化导入环节进行日本文化传授，是十分必要的。

第三节　日语教学中中国文化的导入

就当下而言，国内高校在日语学习中出现了十分严重的"中国文化失语现象"。事实上，汉语与日语之间并不是完全孤立的，两者之间存在着诸多关联。因此，有必要在日语教学中导入相应的本土文化内容，将本土文化传输贯穿于日语教学的始终，开展由初级到高级再到研究的递进式语言文化教学。

一、大学日语教材中所包含的中国文化要素

为了有效把握国内日语教学现状，曾经开展了以中国文化要素为核心的高校日语课程教材分析，对《基础日语教程》等常见的日语课程教学文本进行了研究，集中探讨了其中存在文化要素。

就分析结果而言，相关教材中所包含的中国文化元素十分稀少，

也很少对文本中出现的中国历史人物及社会背景进行详细论述。同时，教材中绝大多数的内容都在进行日语语法描写，其所占篇幅极大。这无法体现出中日两国人民各具特色的语言行为与思维方式，也没有将中日两国语言文化上的差异性进行充分的反映。

从教材结构上来看，教学材料中所描述的中国文化往往是零散的，没有形成独立有机的文化叙述体系。编写者插入中国文化元素更多是为了满足日语阅读或会话的需求，并没有对其进行详尽的描写。只有极少数教材，涉及了一定体量的中国文化要素，开设了文化专栏进行本土文化要素描述，其中也不乏一些本土文化元素。

这一部分教材比较重视中日文化导入，对此开展了相应的编写与改进，也提及了文化冲突等常见的交际问题。然而，这仍然不能满足当下的日语文化导入学习需求。从语言教学角度来说，文化内容应该包含交际文化与知识文化。其中，交际文化指能够对交际实践产生直接影响的文化，当不同文化背景的人开展交际时，其对某个表达或词语的认知会存在一定的偏差，较难理解对方的真实如意图，就会直接产生交流误解；而知识文化，通常不会直接影响语言交际。

据考察，国内现有日语教材对中国本土文化项目内容的选取，大多停留在基础性的社会文化背景知识上，也就是上文所说的知识文化层面。与之相对的交际文化，如：国人的社会价值观、非语言行为、语言行为等内容，很少出现在教材中。这也反映出，当下的教材在很大程度上忽视了中国本土交际文化的重要性，更多停留于知识文化传播层面。

二、大学日语教学中应导入的中国文化要素

（一）价值观

人类评价事物或行为取向时，经常会有一个相应的尺度或精准，这种尺度或基准就是价值观。价值观存在于人类生活的方方面面，它悄无声息地支配着人们的行为。在许多情况下，人们会无意识地将个

体价值观当做裁定其他文化的绝对标尺。这种做法是不科学的，而要有效避免类似的错误，就需要树立清晰的自我文化认知。

中日两国人民的价值观，存在着诸多相似之处，有一定的一致性。但若深究其内里，便会发现表面看起来相同的事物，其本质却截然不同。例如，"以和为贵"是中日文化共有的，但这一理念引导下的中日语言表达方式却截然不同。在日本，"以和为贵"的理念要求日本人要以心换心进行交际表达，用模糊性、委婉性的暧昧表达来避免交际尴尬与冲突；而在中国，国人更喜欢通过直截了当的方式进行信息传递，并不会刻意运用语句的委婉性来获取和谐，其更注重的是不发生非必要的语言冲突，不会过于考量交谈方的个人感受。

重视人情是中日文化的一大特色。但是，在日本人看来最完美的人际关系，往往需要保持一定的距离感；而在中国，国人普遍认为最理想的关系是亲密无间的，不存在间隙才是关系铁的象征。当国人面对人情与道理的抉择时，往往会倾向于选择前者，在多数国人看来人情比客观存在的合理性更为重要。

重视报恩也是中日文化的相似之处，但两国人民对报恩的认知层面却有所区别。对日本人来说，报恩是一种必然性的伦理观念，需要每个人去无条件进行；于国人来讲，报恩是一种建立在良知上的抉择，并不具备强制性，只是将其作为了一种社会美德进行倡导。

此外，中国人讲究的"面子"与日本人关注的"体面"所表达的意思在表面上有相近性，但其所传达的文化理念内涵却有着很大区别。前者是主动的，往往被作为一种精神纲领存在于国人的意识中，强调的是一种自我展示；后者却是被动的体面，是日本人集体生活中被他人看待而形成的感知。

由此可见，有一种微妙的差异存在于中日两国的价值观中，将其放置在同一个地方，就会出现明显的对比效应，进而凸显出两者的相似之处与不同之处。

(二) 民族性格

民族性格也被称作民族心理，是指民族在各自演进过程中凝聚起来的表现为民族文化特征上的心理状态。不同的民族，其性格也截然不同，中日两国民族亦是如此，这些差异体现在语言艺术、建筑、行文方式等方面。因此，民族性格在文化上的体现，需要被作为重要的中国文化要素导入日语教学中。

在中国的封建社会时期，儒家思想作为主流思想，对国人产生了重大的影响，这种影响一直延续至今。中国人的民族性格可以被概括为"仁、义、礼、智、信"，即仁心、温和、义气、忠贞、诚信。而日本民族的性格，却有着明显的二重性特征，这在很大程度上受到了地理环境的影响，日本人长期生活在国土面积狭小的岛国上，其内部资源十分匮乏，他们不仅讲究社会内部稳定的同时，还十分追求对外扩张式生存，其民族性格呈现出明显的逐利性。在《菊与刀》中，本尼迪克特对日本人的性格进行了详细的阐述："日本人既生性好斗而又温和谦让；既穷兵黩武而又崇尚美感；既桀骜自大而又彬彬有礼；既顽固不化而又能伸能屈；既驯服而又不愿受人摆布；既忠贞而又心存叛逆；既勇敢而又懦怯；既保守而又敢于接受新的生活方式。"。可见，日本人虽然也十分讲究礼仪，追求集体生活的和谐，但其民族性格中也有着生性好斗、保守叛逆、桀骜不驯的一面。

以民族性格影响下的时间观念为例，中日文化时间观念上的差异性十分明显。对于中国人来说，很少有国人会提前进行时间规划或制定行程表，同一时段做多件事情在中国十分常见。这是因为在中国人的观念里个人行为体验与行为效果更为重要，并不会过多关注行为的过程安排。与之相反，日本人十分提倡单一的时间安排模式，提倡同一时段只做一件事情，有严格遵循行程表的习惯。此外，在时间取向上，中国传统文化更注重过去时态，提倡追本溯源；而日本人的时间取向是未来与过去并重的。除此之外，日本人也十分注重时间利用上的最大化，讲究办事上的效率。例如，"慢一些""慢慢来""慢点走""细嚼慢咽"等中国常用的生活词汇在日本很少见，他们往往更注重个人行为的迅捷性。

（三）传统思想

在现代化进程中，中国传统文化思想在一定程度上被弱化了，也存在一定的断层现象。但传统思想早就植入了国人的血脉之中，影响着民族的发展。在进行日语教育时，要注重将传统思想这一中国文化要素带入教学之中，让学生正确看待中国传统思想，在日语学习中发掘传统思想的现实价值，将优秀的传统文化思想传入国际，带动本民族文化思想的持续发展。

以"空无"思想为例。作为重要的禅宗思想，中日两国文化中都有该思想的影子，但这一思想在两国间却存在同源异流现象。在南宋时期，禅宗文化从中国传播到了日本，与日本当地的神道教文化融合并发展为了"日本禅"，"空无"思想也逐渐本土化，衍生出了独具日本特色的思想内涵。

在中国文化中，"空无"思想更多体现为一种顿悟化思维方式，在很大程度上是一种集大成的思想形态。从表面上来看，中国人对"空无"的追求表现为精神上的自由洒脱与人格上的独立完整。但从内在来看，中国传统的"空无"思想中也包含了儒、道两家的思想，儒家的规范性在"空无"思想中较为突出，中国所提倡的"空无"思想并不是绝对化的，讲究保留儒家的理想人格，鼓励追求符合法度情理的相对自由。因此，"空无"思想在中国具备显著的和谐性特征，并不会因为过度追求"空无"，而去打破应有的规律，仍然坚守着人世间应有的是非善恶道德观。而在日本，"空无"思想具备一定的绝对性，在日本人看来"空无"是一种"虚无的寂灭"，追求超脱凡俗的绝对"空无"。此外，日本的武士道精神，也在一定程度上影响了"空无"思想，"空无"在日本被赋予了一层"勇敢去斩断人世羁伴"的含义，在"空无"中也没有绝对的是非善恶。

（四）社会文化背景知识

本文所界定的"社会文化背景知识"就是通常意义上的知识文化。虽然，这类知识文化并不能对交际产生直接的影响，但其仍然具备一定的语言学习地位，是了解目的语及其所属国的关键性元素。一般而言，社会文化知识背景往往与语言背景设置、阅读文与对话内容等有着十分复杂的关联。因此，外语教材中不可避免会运用到许多相应的社会背景文化知识。从国内的日语教材设置情况来看，缺乏了这一方面的内容配备。接下来，我们将从社会文化背景知识角度，举例进行中日文化内容对比。

1. 送礼

作为一种普遍性的交际方式，送礼行为在交际中十分常见，但这一行为也是因文化而异的。对比中日送礼文化，会发现两者存在诸多不同之处。例如，两国之间的收礼行为有所不同，中国人倾向于先进行一番推辞再委婉收下，日本人则喜欢直接道谢并收下礼物。在收礼后，中国人会等待恰当的时机选取一种合适的方式进行还礼，而日本人习惯于立即还礼。此外，在选取礼品方面两国也不尽相同，中国人会综合考虑双方关系、面子、人情等内容选取价值对等的礼物进行送礼；而日本人出于以心换心的考量，并不会送太过贵重的东西给收礼方带来心理负担。

2. 聚餐

中国人与日本人的用餐礼仪也有所区别。面对亲友聚餐，虽然日本和中国一样使用筷子吃饭，但两者之间的用筷及礼仪却有所区别。在日本，筷子叫 Hashi，是尖头筷，不是中国使用的平头筷子，我们日常吃完饭习惯把筷子竖着放，但是日本人觉得竖着放筷子指人是对人的一种不尊重。同时，在中国十分常见的"夹菜"行为，在日本很少见，在日本人看来夹菜并不是一种热情好客的象征，而是一种强加自身意愿与他人的表现。此外，面对同事与朋友间的聚餐，中国人习惯于由邀请人进行结账，而日本人更倾向于 AA 制付款，日本人会觉得接受或被接受恩惠都是不礼貌的行为，AA 制可以让聚餐双方保持轻松愉悦的交往关系。

3. 茶文化

在我国文化史中，茶文化占据着非常重要的地位，是华夏文化血脉中无法分割的成分。我国的茶文化有着层次多样、内容丰富的特点。宋代以来，茶叶逐渐普及到了市民阶层，宋时的街巷上各种茶座、茶馆与茶楼随处可见，茶文化也随之大众化。对中国人来说，茶文化具备高度的实用性，不仅是一种行为，更是一种精神上的活动。

日本也有着自己的茶文化，且其茶文化与日语在形成与发展上有异曲同工之处。中国茶文化是日本茶文化的起始之处，经过了长时间的发展，日本茶文化也具备了一定的民族内蕴，有着独特之处。

在汉朝，日本第一次接触到了中国茶叶。但是，中国茶文化与日本茶道有着显著的区别，其配备着一套严密完整的茶道体系，被赋予了"和、敬、清、寂"的基本精神。因此，日本茶道将饮茶行为升华为了一种"道"，其也被作为生活规范之一进行流传，是日本人修身养性的重要途径。

除此之外，日本茶文化并不局限于饮食文化的范畴，也被当做一种哲学文化、生活文化，不仅体现着日本民众的审美观与文化观，也肩负着礼仪、道德等独特的日本社会准则与规范，还具备丰富多元的外在表现形式，如：民俗、文学、艺术等。可见，日本茶文化具备极其广阔的领域内涵，日本民族文化的不同方面在茶文化中都有一定的体现。

三、基础日语教材视角下的中国文化导入研究

20 世纪 90 年代以来，在改革开放浪潮下中日文化交流日益深化，国内的日语学习者逐年递增，日语教育在诸多小语种教学中脱颖而出，日语也成为了炙手可热的外语语种，其热度仅次于英语。

国内日语学习者以高校学生为主，且多为零日语基础的学生。而从日语教学角度来看，绝大多数教师习惯于从教材中选取素材进行课堂教学，相关的教学活动也是在教材指导下展开的。因此，教材在我国日语教学中占据着极其重要的地位，发挥着维系基础日语教学的作用。

（一）高校基础日语教材的现状概述

从基础日语教材使用情况来看，国内高校日语专业所使用的教材，其文本内容以日语知识为主，重视开展系统性的语法传授，能够帮助学生打牢日语学习的语言知识基础，也可以很好地帮助学生应对日语考试。但是，教材中很少提及跨文化交际能力与语言交际能力相关的知识，这同当下的中日跨文化交际人才需求有着明显出入。

随着日语教育的深入开展，国内部分教育工作者或教材编写者已经逐渐认识到文化教学对于日语教育的重要性。他们也进行了教材设计理念转变研究，试图在以日语知识传授为主的传统日语教材基础上，编写一种以语言交际、跨文化交际为主的教材。就当下而言这些研究并没有取得实质性的突破，只是将相关的理念进行了传播与普及。

虽然，富有时代特色和趣味性的文化在近些年来也有一部分被导入日语教育中，这对跨文化交际人才的培养具有重要的意义。但是，文化导入依然存在着一些问题。首先，日语教育中文化导入缺乏系统性；其次，日语教育目前以知识文化的导入为主，交际文化的导入仍然较少涉及；另外，中国文化的导入在日语教育中很不全面。这些问题非常不利于跨文化交际的发展。日语教学的意义并不仅是可以对语言进行使用，同时也涉及文化领域的思想交流和传统。唯有如此，能为学生学习日语创设一个更为理想的氛围，使得很多跨文化学习的概念得到更好的理解，这样也可以提升教学的效率。

鉴于此，日语教材不仅要注重语言知识内容设置，还要充分体现文化知识内容，以此优化学生对中日文化差异性的感知度，帮助其建立正确的跨文化交际意识，提高其跨文化交际水平。

（二）中国文化导入基础日语教材的意义

跨文化交际能力、中日文化认知能力与日本语言能力一同构成了日语能力。同其他民族或地区文化一样，日语文化也是人类智慧的结晶，有其客观存在与发展的必要性，不同文化之间并没有优劣高低之分。

面对全球化思潮的冲击，季羡林曾指出：针对各种外来文化与本土文化，要采取"拿来"与"送去"相结合的文化战略，坚持融会贯通、兼收并蓄。受全球化语境的影响，跨文化交际逐渐转变成为了不同文化背景、不同国家的人群进行多元形式跨文化交往的动态过程，也是一种本土文化与目的语文化之间的互动。因此，这种交际是双向化的，不仅是一种文化传入，也是一种文化输出，不仅要求交际者充分了解目的语国家的文化，还要求其具备坚实的母语文化基础。

可见，将文化导入教材之中具有极其重要的现实价值，在基础日语教材中导入中国文化具备以下意义：

（1）面对全新的社会发展形势，日语教育所需要培育的并不是盲目的日本文化崇拜者，也不是身处局外的日本文化观察者，而是能够正确看待并认同中日文化差异，继而顺利开展跨文化交际的日语人才。

如今，学术界关于在日语基础教学中导入文化的文献研究成果有很多。但是，这些研究往往局限于单一的日本文化知识导入，很少对中国文化进行相关的日语基础教材导入研究。只有极少部分的教材编写者进行了相应的探索，但其所涉及的内容也停留在表层文化知识导入上。

目前，对"如何在新形势下成功引导中国文化进入日语教材"的研究并不多，也没有学者将其作为独立的话题进行研究。

在此背景下，笔者希望通过开展中国文化导入基础日语教材的研究，为一众日语教材编写者提供一个科学的文化导入理论视角，继而带动其他日语教育环节的进步，如：师资队伍建设、考核内容、教学方法、课程设置、培养模式、培养目标、教学大纲等环节，并带动相关教学领域的改革。

（2）面对全球一体化的国际文化对话形式，外语教育已经发生了重大改变，不再只注重单一化的语言知识传输，转变为了着重关注语言交际能力培训的教学活动，并逐渐向着培育跨文化交际能力人才的教学方向进步。

同时，得益于中国经济社会的全面发展，我国的国力日趋强盛，所掌握的国际话语权也逐渐增加。在此情况下，中国日语学习中也肩负着介绍与传播中国优秀文化，并将中国带入世界文化舞台的重任。

（3）在基础日教学中，教材扮演着中枢者的角色，是带动学习者接触中日文化知识的切入点。在基础日语教材中开展合理科学的中国文化导入工作，可以让学习者在了解语言知识与文化知识的同时，提高其对本土文化的理解，更好地将中文转述为日语，潜移默化地传播中国文化，提高中国优秀传统文化的传播力与感染力，助力"一带一路"倡议的顺利开展。同时，这种将民族文化作为根基的日语交际能力培育方式，可以强化学生的文化自信，保持自身的文化操守与文化主体性，用正确的态度去欣赏他国文化，并积极进行优秀文化引入，用世界优秀文化带动本民族文化的发展。

此外，这一举措还可以帮助学生建立客观正确的世界观，引导其运用正确的文化视角看待中国、看待世界，有效平衡与协调动态发展的跨文化交际互动，始终保持平等尊重的跨文化交际地位。

（三）中国文化导入基础日语教材的策略

在全球化的影响下，文化多元化是最为主要的世界文化发展趋势，达成多元文化共生与培育他文化能力已经成为外语教育的主要目标。在此背景下，重新编写与出版外语教材，达成外语教育理念创新已经迫在眉睫。

就当下而言，日语教材在进行内容选取与编排时，必须从文化视角进行考量，必须要合理地将目的与母语文化引入教材，潜移默化地从初学阶段培育学生的跨文化交际意识，帮助其熟悉不同文化背景下的交际策略，并逐渐成长为高度成熟的跨文化交际者。

1. 设计理念

在文化对话背景下进行外语教育理念创新，需要将原有的理论体系铺展情况进行弱化。一方面，要将中日文化元素作为设计主线，将其境教学作为设计特点，将日语语言知识作为基础内容，在日语对话、句型、语法、词汇等素材中有机融入文化知识。另一方面，要注重构建中日文化对比的语言学习环境，通过直接的异文化碰撞，引导学生开展正确的语言学习分析，深层次把握中日文化的异同，在熏陶浸染中培养其跨文化交际意识，学会熟练运用交际策略，在不同文化语境下实现跨文化交际的目的。

2. 设计内容

（1）在关注日语知识的同时，突出文化的重要性。一方面，要将母语文化元素融入语用、句型、语法、词汇等内容之中，多组织中日文化对比性的话题进行分析，并构筑灵活多变的文化语境，从初期阶段着手优化学生对异文化的敏感度与感知力。另一方面，要综合关注文化内容的多样性、文化性、交际性、趣味性与时代性，在日语教育中弘扬中国文化。

（2）课文内容要涵盖商务、金融、经济、政治、社会、教育等实用性的领域，有效突破语言知识传输模式对日语教育的束缚，培养学生社会化的日语应用能力，使其保持宽泛的日语学习视角与良好的跨文化交际能力。

（3）要在教材中对晦涩难懂的句型、语法进行注释说明，着重突出中日文化差异引发的语言区别，引导教学双方开展更深层次的语言文化思考。例如，从东方文化视角对中日文化的共同之处进行理解；了解日本文化中的语言表达习惯、生活方式、思维模式等内容。

（4）将语言知识训练作为基础性的训练内容，从跨文化交际角度设置专门的语言训练模块，带领学生进行语言资料查找、分析与讨论，可以提高学生的跨文化协作学习能力。

3. 文化定位

要开展行之有效的文化导入工作，就需要先对中日文化元素进行合理科学的定位。

首先要将语言知识内容作为基础进行文化导入，在教材中科学合理地引入与语言知识相对应的中日文化元素。其次，要特别引述容易引发误解、歧义、交际摩擦的文化传统、社会背景与物质环境，着重将相关文化知识的特地语境含义、感情含义与联想含义进行详细描述，借此从比较与批判的角度体现中日语言文化间的直接碰撞，以此突出跨文化语境与话题功能感受，引导学生进行更加深入的语言学习思考。

此外，还要从比较角度进行中日文化内容导入，将日本人独特的思维方式凸显出来，并适当进行中国本土文化传播，让学生从更客观先进的角度认知日本文化、日本人与日本，理性思考与看待中日关系。

4.建构性文化的设计

在开展教材设计时，要抓住开放性特征，综合运用创新的手段营造多元开放的文化语境。让教学双方在教材的引导下，开展具备时代特色的新文化批判理解与交流学习，以此带动学生探索学习的积极性，帮助学生同步达成文化学习、思维发展与语言进步，推动学生创新能力与创造性思维培养目标的达成。

将从语言角度学文化转变从文化角度学语言，能够有效激发日语学习兴趣，帮助其养成自主思考的习惯，还可以优化学习者的思维与思辨能力。同时，还可以借助词汇背后的文化意义，深入了解日本民族的精神，培养学生文化、社会、语言等领域的研究兴趣，带动其学习科研能力的成长，并让学生参与到教学科研团队之中，实现真正意义上的教学相长，全面延展教与学的理念与意义。

总的来说，新时代学生的中外文化学习需求、兴趣与爱好是教材编写要着重满足的因素。只有这样，学生才能借助教材学习开展兴趣化的学习探究与日语研究，在完成教学目标的同时提高学习者的创造力，帮助其更好地适应多元化发展的全球文化趋势。

在全球化语境下，中日之间的跨文化交际已经演变成为母语文化与目的语文化的双向互动，既包含文化输入环节，也包含文化输出环节。

综上所述，在基础日语教材中进行合理科学的中国文化元素导入是非常必要的。只有这样，学生才能在接触日本文化、日本语言知识的同时，提高自身的母语文化素养，加深自身对母语内容的理解，更好地将母语转化为日语进行表达。同时，只有让学习者充分认知母语文化与目的语文化的异同之处，才能帮助其建立牢固的母语文化自信，用正确的态度去对待日本文化，在交际中始终保持平等尊重的态度，并学以致用地将中国文化传播到其他国家。唯有这样，才能培育出具备高度文化坚定性的日语人才，不让其迷失或倒戈于异文化环境中，真正做到坚守文化本源，以欣赏开放的态度去对待母语文化。

以上对中国文化导入基础日语教材进行了构想与探究，若这些设想能够得到落实，可以有效扭转当下教材编写中存在的日本文化背景讲述淡化的情况，打破片面学习日本语言知识的局面，也能够抑制过于注重文化导入而引发的本土文化或日本文化引入内容与语言知识脱节的情况。

同时，还要注重从理念创新角度开展教材内容编写探究，以此带动其他外语教学环节的改革，在多文化语境下将创新性的中日文化异同知识、日本语言知识等内容通过日语这一载体传达给学习者，扩充与丰富日语教育内容，有效平衡教学内容在教材中的设置，补足当下日语专业交际人才培养的缺漏之处，激发学习者的日语学习兴趣，带动学习者日语自学能力的提高。

在教材编写时，要并重文化输出与输入、语言与文化方面的认知，将当下日语教育实践从以语言视角教学文化，转变为从文化角度理解语言理念。此外，也希望相关的教材编写问题，能够引起日语教育部门与学界的重视。

四、中国文化导入日语教学的策略

（一）相近的字形

虽然，现在无法对中日两国文字具体的传播史进行详细考证，但学术界普遍认为日本首次引入汉字是在公元 1 世纪左右，这一活动与朝鲜半岛佛教传入日本是同时期的。据考察，日本在古代很早就创造了自己的语言。但是，日本民族文字的出现时间要明显晚于语言，这一现象是不利于日本民族文化传承与发展的。因此，在日本接触汉字后，便对汉字进行了引用，这一举措有效推动了日本文化的演进。

在日本人看来，汉字虽好，却仍然是一种舶来品，同时日语语法体系与汉语有很大的不同，再加上汉字笔画具备一定的复杂性，不利于日本人进行直接的引用与传播。在此情况下，日本人在公元 8 世纪左右依据汉字的偏旁部首，构筑了日本独特的片假名与平假名。自此以后，这种文字作为表记文字逐渐取代了汉字。当然，汉字也没有完全被日本所舍弃，就当下而言有 3 000 多个日文是日本官方承认的常用汉字。

从外形上来看，日文中沿用的 3 000 多个汉字中，包含字形与笔画与港澳地区的简体字、内陆地区的繁体字几乎一致的，如"国""人""山""水""千""万""灾"等。也有存在细微差别的，如"步""転""遊""沖""姉"等；此外，还有部分汉字是不存在于中国汉字内部的，是日本人在特定地理人文环境下凭空创造而出的，如"躾""峠""雫"等，这就是通常所说的"和制汉字"。

相较于非汉字圈外语（如日语、意大利语等）的学习，国内学生往往更容易掌握与汉字异曲同工的日文，日语学习在入门阶段会略显轻松。但从另一个角度来看，正由于中国学生对汉文化、汉字的认知根深蒂固，因此较难区分同一个日文汉字与中文汉字的不同文化意义，同时也会对"和制汉字""日文汉字"等概念存在一定的认知模糊性。

在国内，经常会出现学生希望通过学习与日文相近的汉语繁体字去完全掌握日语，也有学生习惯于用中文汉字的笔法去描写日文，这显然是不合理的。

在我国过去十多年的日语教学实践中，日语汉字书写不规范现象十分突出，更有甚者在学习多年日文后，仍然存在书写上的错误。可见，许多学生并未在入门阶段培养良好的书写习惯，也间接体现出学生中文书写上的随意性。

针对这一情况，教师可以在课堂教学中适当引入中日文化交流史内容，进行汉字与日文交流史方面的教学，让学生从具体的日文演变历史、来源角度正确掌握日语文字。

（二）相通的词汇

在具体的中日文字交流中，以汉字为载体的中华优秀文化也传入了日本，其中包含唐诗宋词、《汉书》《史记》、诸子百家等内容。同时，随着中日文化交际的开展，我国各朝各代的文史典籍也持续涌入了日本。其中，有许多优秀的名句名言，在被日本人接收传播后，演变为了现代日语体系中不可或缺的成分，如"四字熟语"这一典型性的日语内容。与此同时，中国成语是日语"四字熟语"最为直接的来源。在中文体系中，成语是对定型短句或词组的统称，成语多为四字格，也存在五字格或三字格的成语。相较而言，日语四字熟语中有一部分完全沿袭了汉语成语的词义与字形，被称为"同形同义词"，比如：虎头蛇尾、喜怒哀乐、一石二鸟、乾坤一掷等。当然，也有部分熟语只保留了字形，其意义与汉字成语截然不同，也就是通常所说的"同形异义词"（见表2-1）。除此之外，也存在与汉字成语截然不同的四字熟语，两者之间在词义与字形上并没有相通之处，具体内容见表2-2。

表 2-1　日语四字熟语中的"同形异义"词

	在汉语中的含义	在日语中的含义
天衣无缝	比喻事物周密完善，找不出破绽漏洞	没有玩弄技巧的恒基，非常自然的样子。原意是天女的衣服没有缝痕，引申为文章、诗歌自然巧妙，不矫揉造作；引申义为形容天真无邪的性格
八面玲珑	形容为人处事圆滑，待人接物各方面都能巧妙应对，面面俱到	从哪个角度看都很美、或指人的心地开朗澄澈
精卫填海	以山海经故事为蓝本，比喻锲而不舍、不畏艰险的意志品质	比喻无谋之举，徒劳无功
落花流水	原用来形容残败的暮春景色。后常用来比喻被打得大败，也指残乱、零落的样子	用于形容男女之间互相思慕的状态
一刀两断	比喻坚决断绝关系，也比喻做事坚决果断，干脆利落	以一刀切成毫不相连的两截；毅然、断然，迅速果断地处理事务

表 2-2　日语四字熟语中的"异形异义"词

字形		词义	
汉	日	汉	日
豪言壮语	大言壮语	豪迈雄壮的语言，形容充满英雄气概的话	说一些超出能力范围的话，大话
立身处世	立身出世	在社会中自立，与世人交往相处。指人在社会上待人接物的种种活动	出息、发迹、出人头地
海阔天空	天空海阔	意指像大海那样广阔，如蓝天那样空旷。形容开阔，无拘无束。亦比喻言谈漫无边际，没有中心	形容人度量大，心无芥蒂

从这两个表格中可以看出，中国成语在传入日本的过程中，出现了传播上的偏差。实际上，这种偏差（或误用）产生的原因包含民族心理、文化习俗、地理环境、历史文化等差异化的中日语言发展元素。以精卫填海为例，这一词汇在汉语文化中是一个褒义词，而在日本文化语境中则是一个贬义的熟语。这是由两者之间不同的自然观引发的。从日本的地理环境上来看，属于岛国的日本四面环海，日本人自古以来便是依靠丰富的海域资源而进行生存的。在日本人看来"精卫填海"这种一边享受着自然馈赠又一边破坏海洋资源的行为，是十分不可取的。

而对中国人来说，处于幅员辽阔的内陆大国之中，除了少数沿海省份，绝大多数民族的生存、发展与创造都是在陆地上进行的，中国人更崇尚人定胜天、愚公移山这种改变环境的精神。因此，精卫填海这种人为改变自然环境的精神，在国人看来是非常正向的。

诸如此类的文化对比研究，不仅不胜枚举，这也是一个极其有趣的日语课题研究方向。因此，日语教育工作者要有意识地引导学生开展《中国文化要略》等文化书籍的阅读，并通过 PPT 汇报等方式进行学习成果展示，在学习日语的同时夯实本国文化知识基础。

（三）相互影响的文学

早在我国春秋战国时期（公元前 300—250 年），处于弥生时代的日本，就已经有了文化著作《论语》的传入。这对后世的日本文学形式产生了重大影响。到了平安时期，日本出现了大规模的唐风运动，我国的汉诗文也被日本朝廷推崇为正统文学。嵯峨天皇、淳和天皇敕命编撰《凌云集》《文化秀丽集》和《经国集》，史称"敕撰三集"。"敕撰三集"中收录了大量汉诗，以及仿照汉诗诗题、结构所写的诗。但是，公元 9 世纪末后，处于平安中后期的日本看到唐朝政局的动荡后，迅速废止了沿用 260 多年的遣唐使制度。自此以后，平假名文字应运而生，并逐渐在日本大范围运用，而处于社会上层的日本贵族女子、知识分子等，逐渐开始运用这种文字撰写文学作品，如物语、日记、和歌等。这也意味着，日本本土文学产生了自立倾向。当然，汉文化对这些作品的影响仍然存在，其书写形式虽然发生了更改，却仍然具备着鲜明的中国古代文学风格。在《中国文学对日本平安时期物语文学的影响》这一著作中，王洋教授系统阐述了《竹取物语》这一日文作品中反映出的唐朝神仙思想，还对日文作品《伊势物语》进行了分析，探究了《白氏长庆集》对这一作品的影响。可见，无论是汉字词汇还是文学，中日两国的发展情况都呈现出此消彼长的趋势。

纵观两千多年的封建时期，日本的文学形式一直受到了中国古代文学的影响。到了近代，这一现象才出现了变动，日本先接受了西方文化思潮，完成了资产阶级革命。可见，这一阶段的中日两国文学影响，出现了严重的反流趋势。同时，自然主义理论这种日本近代文学中十分盛行的思想，也对我国五四时期的文学产生了重大影响，带动了文学思想的解放。

在研究中国文学家与作品方面，日本取得了诸多研究成果。以鲁迅研究为例，日本对鲁迅的研究开始于 20 世纪初，这一时期的鲁迅仍在日本留学。到了抗日战争时期，在竹内好等文学评论家的带动下，对鲁迅的研究达到了全盛阶段，这种盛况一直持续到了 20 世纪七八十年代，这也为我国开展鲁迅研究提供了诸多参考。

面对高年级的日语学生，国内高校会专门开设日本文学概述课程。教师在讲述这门课程时，需要从中日两国文学关系角度引入中国文学背景知识，加深学生对文学概论内容的理解，给有倾向参加日本文学研究的学生提供初步的研究思路与方向。

在《高等学校本科教学质量和教学改革工程》中，教育部重新定义了外语教学目标：不仅是学习外语这门工具，还是"传承中外优秀文化，增加人文与科学知识，提高学生综合素养的一个途径"。

而要在日语教学中疏通与构建这一途径，就需要教师把握其源头，对中国文化与日语语言文学的关联性产生深刻的认知。

唯有如此，教师才会具备相应的文化意识与文化知识储备，才能在日常教学中合理融入文化内容，设计科学合理的课程体系与人才培育方案，自主选取符合时代发展需求且具备高度实用性的教材。在此基础上，将中国传统文化知识学习贯穿于整个日语教学之中，让学生从日语接触初期就意识到本土文化学习的重要性，加深他们学习中国文化的兴趣与耐性，培养符合教育部要求的日语跨文化交际人才。

第三章 跨文化日语教学基础理论研究

第一节 跨文化学习的心理本质

从本质来看，语言是一种特殊的文化载体，它与文化有着十分紧密的关联。随着文化研究的深入，人们逐渐了解到文化具备多样性，意识到社会化认知与自我文化间存在的差异，并认识到文化同情感之间存在着显著的关联，许多学者开展了文化与情感评价、文化与情感表现、文化与情感知觉相关的关系研究。这在很大程度上，扩充了文化研究的内涵，为更好地开展文化学习与语言学习关系研究，打下了坚实的基础，也使研究具备了充足的条件，随着国际交流频率的增长，关于文化交际要素、跨文化交际摩擦对跨文化交际影响的研究，日益受到国际各方的关注。国际社会普遍认为，无论文化艺术交流、国际经济交流，还是跨国政治交流，其交际需要逐渐深化，无法再通过单一化的语言知识学习取得理想的交际效果。在此背景下，跨文化交际问题这一全新的研究领域，已经成为外语教学与学习研究的主流方向。

一、跨文化接触的心理过程

国人在学习日语时，很少有学习者是长期旅居于日本的。学习者们对日本这个异文化国度的了解度并不高，他们对日本文化的接触，主要来源于相关的影视视频、报刊读物等。然而，日语教学的持续深化，对学者的跨文化认知与理解度提出了更高的要求。在此情况下，如何正确了解与认知异文化，对于日语学习至关重要。因此，日语教育者需要对日语跨文化学习者的一般心理过程，进行深入的研究。

（一）接触前的心理

一般来说，文化接触是一个潜移默化的过程，异文化接触亦是如此，其接触并没有明确的开始标志，是悄无声息的。哪怕日语学习者还没有正式学习日语，但其对异文化要素的认知，或深或浅地存在于它固有的知识结构中。例如，不懂日语的人们，也会对日本象征性的文化概念有一定的了解，这些文化概念可能包含机器猫、和服、富士山等。当然，未学习语言时，人们对日本文化要素的认知，往往是通过无意识的接近，从旁观者的角度进行接触的。

在系统学习语言后，人们便会对语言背景文化产生兴趣与需求，并对相关的文化产生兴趣。这是由于学习者的学习生活同日本文化产生了关联，进而引发的一种认知性情感渴望。受学习动机的影响，不同学习者的渴望表现程度有所区别。因此，渴望了解异文化，并产生相应的文化亲近感，是这一阶段的主要心理。

（二）开始接触的心理

在初始接触阶段，日语学习者会对一切异文化元素产生强烈的好奇。这种好奇，会随新奇的文化体验而加深，尤其是当学习者感受到与以往经验截然不同的体验。譬如，日本当地的流行音乐、生活方式、风土人情等，都会激发学习者的好奇，进而给他们留下极其深刻的心理印象。因此，这一阶段的心理特征表现为：由好奇到神往。

（三）跨文化挫折

当日语学习者具备一定的异文化了解后，便会滋生一些困惑，如：日本人这样做的原因是什么，他们怎么会这样想？从我国原有的民族文化视角来说，这种异文化所引发的思维与言行上的差异，通常会显得比较滑稽，甚至激发学习者的文化排斥心理，觉得这是无法被接受的。这在很大程度上，受制于民族思维与行为差异的影响。因此，学习者在这个阶段对异文化的了解定位，已经由旁观者过渡到参与者，不再停留于浅薄的兴趣化探索，他们往往更倾向于探究文化现象背后的文化观点与逻辑。然而，当学习者自身原有观念同异文化行为产生排斥时，便会引发文化冲突，继而产生跨文化挫折，并阻碍其异文化理解的持续深化。

（四）习惯适应

在进一步学习后，学习者会具备特定历史时期下的日本社会认知，初步掌握常见的日本人心理特征，并具备某种程度的日本生活方式、文化与社会认知，他们已经能够通过问题或事物，进行日本人行为方式与反应的预测，便很难再对异文化元素产生兴趣，也很难有新奇的异文化体验。因此，这一阶段的日语学习者，已经进入了第二个异文化认知冷淡的时期。

（五）对本民族文化的质疑

当学习者逐步了解并适应异文化后，便会产生自我判断式的文化对比现象。通常会在自我判断分析的基础上，不自觉将异文化与本土文化进行比较，并产生相应的文化态度。这种对比，往往会产生三种截然不同的文化态度：

其一，完全肯定与吸收异文化，对本民族的文化产生排斥。

其二，在吸取异文化的同时，并不对本民族文化产生排斥。

其三，对异文化产生排斥，固守本民族文化。

通常而言，诸多学习者会保持折中的态度，即持第二种态度。值得注意的是，吸收文化精华才是学习的本质。当然，不排除一种文化并不意味着完全认可这种文化。例如，当我们在国内看到随地吐痰的行为时，不会盲目地进行弘扬。可见，异文化吸收中，难免会存在不同民族文化的对比行为。很多学习者会在异文化学习中看清了民族文化潜在的问题，进而引发文化质疑现象。久而久之，当这种质疑累积到一定程度，便会转变为第一种态度。

若学习者持第三种态度，就很难形成真正意义上的跨文化理解。对于他们来说，不应该只将文化批判作为学习目的，而应该通过文化质疑及时认清不同民族文化的优缺之处，并逐渐完成自我交际行为的规范。

（六）统合阶段

学习者经历过以上五个阶段后，便会来到综合阶段。到了这一阶段，学习者已经体会过了接触前的兴奋、接触时的困惑及接触中的冷漠与对比，他们会在这一时期选取某种自身认可的态度与观点，来理解日本文化，进而得出相应的异文化结论与本民族文化结论，最终形成判断化的异文化接触态度。

综上所述，整体的跨文化接触中，人们的心理态度并不是一成不变的，往往会经历几个起伏的心理过程，并最终形成稳定的异文化认知态度。

二、跨文化理解的心理过程

据研究，人们的跨文化理解程度，会受到心理发展阶段的影响。处于不同心理发展阶段的人，其跨文化理解程度也有所区别。一般来说，四到十四五岁是重要的心理发展时期，也是人们塑造动机情感体系的重要阶段。处于这一阶段的人，对异文化影响的接受度更高，这一阶段属于重要的文化意义感受期。经历过这一时期后，人们便会产生情意机能方面的交际困难。这在很大程度上，也是人伴随跨文化交际，而产生的心理发展与机能问题。可见，于成年阶段的人们，其对跨文化的理解，是其外语文化知识学习的关键之处。

从心理过程来看，跨文化理解具体包含三个阶段，即异文化特征下的非语言（或语言）行为接触、表层理解与意义理解。

（1）接触非语言（或语言）行为属于感性认识阶段，是形成跨文化理解的重要基础。处于这一阶段的学习者，并没有真正认知到非语言（或语言）行为的具体内涵与意义。

（2）学习者将非语言（或语言）行为的具体意义，同自身的价值观、民族语言进行融合了解，便是表层理解。事实上，这种理解仍然停留在浅层的文化翻译上，其理解程度是不完整的，对相关行为的理解与认知存在一定的局限性。

（3）当人们能够通过表象的非语言（或语言）行为，发觉行为背后潜在的文化内涵，就达到了意义理解阶段。这一阶段的理解程度，往往较为深刻，认知者能够将行为同异民族的社会规范、信仰、态度、道德观及价值观进行结合理解。这种理解的心理过程，由两个层次构成：其一为辩证接受型理解；其二为全盘接受性理解。前者是一种高度的意义性理解，这类理解者往往会将异民族文化同个人价值观、本民族文化进行结合理解，因此具备一定的批判性与客观性，是最高级的跨文化理解境界。后者本质上是一种机械化的理解，虽然也属于高层次理解的范畴，但其为被动接受条件下形成的理解。

从语言学习角度来看，表层理解阶段与接触阶段之间往往没有明显的界限，这使得跨文化学习者很难将两者进行有效区分。在学习跨文化知识时，绝大多数学习者，仍然停留于表层理解阶段。要特别关注的是，意义理解是跨文化学习不可或缺的学习追求，但也不能急于求成，更不应该出现单一化的全盘接收异文化的行为，而应该在调动主观能动性的基础上，形成正确的异文化本质理解。

三、跨文化交际的心理过程

非语言交际与语言交际，是交际的两种常见形态。后者主要通过语言的形式，来达成交际的目的，其构成要素具备一定的独特性，相关研究往往被划分为语用论与意义论、音韵论、语法与统语论、语汇、形态素、音素等，这些也是语言的本质性构成要素。

（一）语言交际过程中的文化心理

作为人类世界的象征，语言很大程度上能够帮助人们完成情感交换、看法交流与意见交互。而通常所说的非语言交际形态，一般包含非语言的信号（如声调、注视、面部表情等）与非语言行为（如沉默、姿态、姿势、空间行为等）。不可否认，文化始终在非语言行为交际或言语符号行为交际中，发挥着十分关键的作用。

交际所运用到的语言，在很大程度上会受到交际文化心理的影响，人类基础性的心理结构要素包含知、情与意，而这些要素又与文化息息相关。其中，知指的是心理的构成机能与表象机能；情指人类心理的唤起机能；意则表示人类的指示机能，人员之间要进行无障碍的交流，必然需要协调相应的心理机能，使相关技能具备同质化的基盘。

丹得雷德对"文化—语义"体系进行了研究，发现这一体系在人类日常生活中具备以下作用：

（1）表象机能：作为一种行为准则，存在于人类认知与处理事务的过程中。

（2）构成机能：人类能够通过具体的文化活动，创造出具备文化内涵的事物，如纸币、指南针等。

（3）指示机能：主要是指引起人类某种行为的动机。

（4）唤起功能：指在一定程度上唤起对某项行动、某个事项的感情。

然而，当人类面对不同文化背景下的交际时，往往会因为交际双方心理机能、语义体系上的差异，出现许多交际问题。

（二）跨文化交际中的心理过程

在中国学习日语的学习者，可能对这种心理过程的体会并不是很深刻，若中国日语学习者在日本学习日语或生活，他们从表象机能到构成机能，会努力适应日本社会。然而，指示机能、唤起机能可能仍然保持着他们在中国时的状态。在此情况下，他们会面临与日本社会不相融合的问题，甚至引起周围人的反感，进而引发人际纠纷。

以喝酒交际为例，频频劝酒的行为通常被中国人看作热情好客的表现，北方的交际规范甚至觉得不喝完对方敬的酒是对对方的藐视。对日本人来说，劝酒这种强加自身意志于他人的举动，是非常严重的失礼行为，往往为人所不齿。可见，相较于极其容易转换的机能——知，意与情相关的心理机能很难依据不同的交际背景进行转化。

据研究，跨文化背景下的社交圆满，往往建立在两个必要的条件下：

其一，能够对特定的行动原因进行推断，即与异文化背景下的交际者保持共同的因果归属。

其二，具备依据交际情形与场合灵活转化自身行为的能力。

此外，跨文化交际的发生，往往具备一定的心理过程。通过研究跨文化感受性，贝内特对跨文化交际心理进行了划分，具体分为六个不同的阶段，即否定、防卫、最小化、容忍、适应与统合。

学术界现有的跨文化交际心理模型，不仅从跨文化交际角度对本民族主义、民族相对主义的不同发展阶段进行了划分，还依照发展顺序逐一识别了跨文化交际中各个心理阶段的特定情感、认识与技能。因此，这一模型也在很大程度上体现了跨文化感受性与能力的成长方向，从内在发展角度指出了模型中必然存在的连续体移动的归属性与技能。这一心理模型，起源并发展于贝内特的跨文化交际感受性模型，是学术界举足轻重的领域研究成果。

第二节　跨文化交际中的共有文化和共有经验

语言交流本质上是一种交际，而交际的基础则包含交际双方的共有经验、共有文化与共有知识，作为交际之一的跨文化交际亦是如此。在跨文化交际中，共有经验、共有文化与共有知识，也是极其重要的交际基础。在交际中，若缺乏了这些基础性的元素，缺失了文化、知识与亲身经历方面的累积，便会使交际变得难以为继，更无法成功开展跨文化交际。下文将以中日跨文化翻译交际为例，对跨文化交际中的共有文化与共有经验进行详细论述。

一、共有文化与跨文化交际

作为举足轻重的跨文化交际大课题，共有文化研究十分关键。通常而言，在交际中不同参与者所拥有的文化知识与文化共同之处，便是共有文化。

（一）从共时层面的角度来研究共有文化对翻译的作用

在具体的跨文化交际翻译中，翻译工作者不仅会被要求与作者保持一定的文化共有性，还会被要求与读者保持一定的文化共有性，这些共有性涵盖文化知识，也包含具体的文化。

以日译汉为例，若作者与翻译者皆为日语使用者，那他们就具备了语言文化上的共同性；若翻译者为汉语使用者，而作者为日语使用者，翻译者则会被要求配备一定的与作者相关的日语文化知识，以此提高翻译作品的字面意义传达度与交际意图传播度。同理，翻译者也需要与读者保持一定程度的共有文化，需要具备必要性的日本文化及文化知识。唯有如此，读者才能正确理解译文内容。

若翻译者为日语使用者，作者为汉语使用者，翻译者就需要具备一定程度的汉语言文化知识；若翻译者的母语为汉语，那么他的读者就需要与翻译者具备共同文化，也就是汉语言文化及相关知识。当然，只具备译者层面的共有文化，是远远不够的。从交际表层来看，翻译交际实际上是译文读者与作者之间的交流，因此两者之间也需要具备一定程度的共有文化，不然就很难进行交际。可见，翻译者肩负着让译文读者与作者具备共有文化的重任，需要充分挖掘两者之间的文化共通性。

不可否认，不同种族、肤色的人群间，存在诸多区别之处，也存在诸多共通之处。例如，夜晚休息白天工作是全人类共有的习惯；人们在地球上以国家为单位进行生活；除极少数的原始部落外，全球多数地方都推行男婚女嫁制等。

从生产生活角度来看，不同的人类群体之间也存在诸多共同之处。通常而言，这些共同之处也是共有文化的成分之一。共有文化是重要的翻译交际成功元素，只有依靠共有文化，才能取得良好的翻译交际成效。但是，固有的共有文化，并不等同于翻译文化的全部，它只是翻译文化成分之一。实际上，翻译者面临的最大难题，往往是不同民族、语言文化社团间固有的语言文化差异。

具体而言，若译者不具备作者相关的共有文化，翻译就无法进行；若译者无法有效调节并联系译文读者、作者间的共有文化差异，其翻译作品就无法被读者所认可与接受，更无法取得翻译上的成功。于翻译工作者而言，其必须同读者、作者保持一定程度的共有语言文化或知识。从表层交际来看，翻译工作者必须要具备解决文化差异的能力，只有有效解决这种译文读者、作者间存在的文化差异，才能确保翻译交际的顺利开展。

（二）从跨时空的角度来研究文化对翻译的作用

在了解文化对翻译的作用时，还可以选择从跨时空维度进行研究。可以从空间角度对文化层次进行划分，将文化分为个体文化、社团文化、区域文化、方言文化、民族文化、国度文化、语言文化。

跨国度现象在语言中是十分常见的，一个国度之中会存在不同种类的民族，同一民族中又会包含各种差异化的方言，在一个大的方言区中也会存在许多小范围的方言区域，以此类推。个体文化与社团文化，本质上同属于社会概念，而社会又隶属于空间概念。可以说，语言文化层次在本质上是一种空间层次。而从时间角度来说，历时性是文化产生与发展的基本特征。

以中国为例，并不是所有现代国人都对古中国文化有一定的了解，因此现代国人在翻译古代文化作品（如两汉作品、先秦作品等）为外语作品时，难免会出现语言文化上的困难。同理，并非所有现代日本人都对古代日本文化有一定程度的了解，让当今的日本人将古代的日语作品翻译为他国语言作品，也是十分困难的。

此外，若让当代国人将古日语作品译为汉语，让当代日本人翻译我国两汉、先秦时期的汉语作品为日语，无疑是难上加难。对于读者来说，当下所有翻译工作所面临的读者、作品欣赏者都是现当代的，哪怕是翻译其他年代的作品，短期内读者的时空角色，并不会发生转变。因此，翻译工作者必须要学会在翻译作品中将不同朝代之间的语言文化鸿沟填平。换句话来说，他们需要从现代读者的角度出发，在翻译中为读者补充基础性、必然性的语言文化知识，并以此让翻译交际变得更为通畅。

二、共有经验与跨文化交际

要让跨文化交际变得通畅，交际参与者就需要具备一定程度的共有经验。在解释共有经验的含义之前，需要先了解一下什么是经验。经验一词在《现代汉语词典》中被解释为：通过实践获取的技能或知识，等同于体验、经历。在此基础上，可以将共有经验解释为交际参与者所持有的共同经历。

在语言学研究中，索绪尔（Saussure）对语言进行了划分，具体分为言语、语言两个部分；乔姆斯基（Chomsky）从语言的使用维度，将语言分为使用能力与语言能力。在此基础上，海姆斯（Hymes）从具体的交际维度，将语言分为交际实用能力与交际能力。以上这些观点，都是语言学界周知的。然而，这些观点没有提及具体的语言经历，也就是经验。这种经验，在一定程度上可以被定义为个体文化与知识、个体经历方面的累积。下面将依据该定义，进行跨文化交际下共有经验的研究。对于个人经历而言，若翻译交际参与者都拥有一定程度的类似经历或相同经历，那么跨文化翻译交际就不容易被梗阻，会显得十分流畅。

在跨文化翻译中，若作品与翻译者产生经历上的共鸣，就会显得格外亲切，翻译过程也会变得更加信手拈来。这里的共同经历，指跨文化翻译参与者双方的共同经历，并非指作者、翻译者与读者之间的共同经历。

当然，若跨文化翻译参与者与阅览者，都具备共同经历，便会出现最佳的翻译情况。但是，这种万事俱备的情况往往比较少见，较为常见的是两类参与者间存在共同经历的情况。值得注意的是，译者才是翻译交际的关键，其必然要同读者、作者保持双向的共同经历。若非如此，哪怕读者与作者具备较高程度的共同经历，也不能促成翻译交际的成功。可见，积累文化与知识，是翻译工作不可或缺的内容。

三、共有文化与共有经验在跨文化交际中的意义

在本文中，我们将文化看作语言文化，将个人文化与知识累积、个人经历看作经验的定义。通常而言，要让跨文化翻译交际顺利进行，就需要所有交际参与者具备交际所需的经验、文化与知识。唯有如此，交际参与者才能通过提炼共同的经验、文化与知识，顺利完成交际。若非如此，交际言辞就会显得非常累赘。当交际参与者具备这些基础，他们就能做到心有灵犀一点通，而不会产生交际受阻的现象。

（一）直接经历的经验在跨文化交际中的意义

对翻译交际来说，最理想的情况是全部参与者都具备一定的共同经验、文化与知识。但是，这一情况的出现频率并不高。翻译作为一种跨时空、跨文化、跨语言的交际，要求全部参与者全然具备共同的经验、知识与文化，是不切实际的。若这一现象存在，翻译便会显得十分多余。当然，这并不意味着译者——这一翻译交际的中心人物，可以不具备同读者、同作者相关的共有经验、共有文化与共有知识。否则，翻译交际便无以为继。可见，翻译交际不仅要求译者量力而行，尽量选取符合自身经验、文化与知识认知的材料进行翻译；还要求翻译者必须看到客观存在的翻译困难，克服翻译困难的关键之处并不在于找寻恰当的词汇进行表述，经常会碰到只可意会不可言传的现象。当然，克服翻译困难的关键，是译者保持正确的理解。只要译者理解语言真正的含义，就很容易找到恰当的词汇去表述，可以选取委婉绕道的方式进行表述，也可以通过注释等方式进行语义说明。

当译者面对未知或未理解的内容时，就需要及时运用工具书、翻阅相关资料，通过勤问勤查的方式，补足自身在经验、文化与知识上的不足之处，做到不耻下问。而不能采取自以为是的态度，盲目进行翻译。因此，本书认为共有经验、共有文化与共有知识存在的目的，不仅是为了对翻译过程与本质进行更好的描写，其存在的关键意义更在于从交际翻译学角度描写更具解释力的理论框架。例如，在翻译

《天演论》时，严复选取了独特的策略。诸如此类的译者还有很多，这便是很好的证明。当然，其中不乏个人倾向对翻译作品的影响，但共有经验、共有文化与共有知识，是译者基础性翻译策略的决定因素。若翻译者并不了解要翻译的作品，也不了解作者，那他就不具备翻译资格。同理，若翻译者在作品翻译中，不具备作品读者方面的认知，他也不具备翻译资格。

索绪尔（Sausssure）在从历时研究、共时研究角度对语言进行讲述时，曾用一棵大树隐喻语言。他表示，若将大树劈为两半，对其纵向坡面进行的研究，便是历时研究；若将大树截为两段，对横截面进行的研究，就是共时研究。此外，他在进行"词的值"讲解时，用棋盘进行了类比讲述，用一盘棋来喻示词的语义场，单个棋子的值，便受到其他棋子的影响，他们之间的关系决定了这个棋子的值。

（二）间接知识与文化的积累在跨文化交际中的意义

对于阅读而言，经验也至关重要。一般来说，通过实践累积而成的文化或知识经验，与经历异曲同工。这是因为，经历累积通常也被作为一个子集，存在于文化与知识的累积过程。

文化与知识的累积，可以是间接的，也可以是直接的。相对而言，上文所讲述的经历，皆为直接累积。因此，下文将重点阐述间接累积而成的文化与知识经历。具备一定的经验，是翻译工作的基本要求。

以日语专业的大学毕业生为例，当其被分配到某所工科院校担任日语教学工作时，很快便会面对大量的论文摘要翻译工作，这些翻译可能来自不同的专业，更有甚者会面临国际会议论文的翻译准备工作。当面对这些现象时，往往会出现三种人：其一，只提交了汉语论文或论文摘要；其二，所提交的文章中包含一部分的专业术语；其三，将自己所翻译的论文初稿或摘要进行了直接提交。他们可能会理所当然地觉得，日语专业毕业的学生面对这种浅显的文字翻译不在话下，这种认知又以后两类人最为显著。在他们看来，唯一的翻译难题就是非本专业的术语。因此，只要完成了专业术语方面的翻译，他们就会认为已经完成了初译，甚至觉得这并不存在什么问题。

换句话来说，他们觉得给出了初译或专业术语后，语言问题便成为了仅存的翻译问题。实际上，这种想法是完全不正确的。

在具体的专业论文及摘要语境中，除了纯粹的语言问题外，还包含不同专业各自的知识问题。若缺失了必要的专业知识，就很难将文章中的逻辑关系理清楚，也无法捕捉文段之间的逻辑性，也就无法将其运用恰当的外语进行表述。

由于缺乏语法形态，汉语中并不存在词类上的词形变化，也不存在所谓的构词形态。因此，汉语词形的改变，在所有语法环境中极为罕见。汉语并不存在词缀的说法——一种附加于词根上的缀语，能够在不改变词汇意义的同时，更改词的语法性质。

不同于印欧语，现代汉语中的共同语，并不能通过形态变化来表达语法关系、语法意义上的转变。其语法意义与关系上的变化，往往需要通过虚词、序词这两种语法手段达成，这也是我们需要特别关注的地方。

第三节　跨文化背景下的日语教学模式构建

在中外跨文化交际中，交际障碍产生的主要原因为民族、地区上的差异，引发的人群心理活动、价值观念、思维方式、生活习惯等文化上的差异。若不能在跨文化交际中，恰当处理文化差异，就会引发交际上的误解，阻碍交往的顺利开展。因此，培育具备高度跨文化沟通素养的人才，是外语教学的重要任务。这一重任的达成，离不开跨文化交际教学理念的指引，同时还需要构筑专业化的模式进行跨文化外语教学，并将对象国的文化知识巧妙融入语言知识传授过程中。

下文将以日语教学为例，分别从日语跨文化教学的目标、日语跨文化教学理念、中日跨文化交际中的文化障碍、传统教学模式影响下的学生跨文化交际能力缺失、构筑跨文化日语教学模式的策略，这五个维度展开叙述。

一、日语跨文化教学目标

在教学模式中，教学目标是极其关键的要素。教学目标引领着教学内容与过程，关乎教学方法的运用。而要探究具体的跨文化日语教学目标，就需要从跨文化教育角度入手，通过探究教育目标，得出具体的教学目标。

在联合国教科文组织制定并颁布的《教育对文化发展的贡献》（第78 号文件）中，明确指出多元文化教育或跨文化教育，都应包含于文化教育中。多元文化主义或跨文化性是指：对多元文化种类的理解与认知，以及在各种世界文化之间、国家内部各种文化之间构筑的相互充实关系、积极交流关系。

该文件在对跨文化教育进行阐述后，还对其具体的目标进行了说明，即推动人类对文化多样性的理解、尊重与丰富，对文化的多样性予以充分尊重与理解，以此确定不同团体的文化，加深国际文化理解度，并提高同多元文化排斥现象做斗争的可能性。可见，这一定义从不同角度对跨文化教育进行了阐述，具体从跨文化教育、跨文化性、文化教育三个维度进行了说明。一方面，突出了教育的社会目标为推动跨文化交流与理解、跨文化知识开放与传播、推进文化多样性及推动不同文化知识与理解；另一方面，也从个体角度，阐述了跨文化教育的目标，即从认可自身的人民的文化发展，逐渐过渡到欣赏与吸收邻国人民的文化精华，并最终鉴赏国际性的文化。通常而言，跨文化日语教学中的共性目标，就是一般意义上的跨文化教育目标。

从跨文化角度来看，其共性化的教育目标，可以具体化为日语教学中的教学目标。学术界在进行相关研究时，提出了典型的三维目标论。具体而言，就是倡导培育学生的跨文化意识，帮助其掌握跨文化相关知识，并最终形成跨文化交际能力。

这一理论体现在日语教学中，就是带领日语学习者获取充裕的日本文化知识，培养其开放、平等、宽容、尊重的跨文化学习心态，帮助他们树立客观正确的世界意识与跨文化观念，并培养其有效进行中日文化交流、传播、合作、舍弃、摄取、参照、比较以及理解的能力。不难看出，这一目标在很大程度上会要求学习者将自身固有的知识本位主义，从实践与教学理论中剥离出来，并逐渐培养情感、能力与知识并重的多维目标。要特别关注的是，受当下教学效果与教学模式反思的影响，人们越来越注重日语跨文化交际能力的培育。当下重要的日语教学目标，也逐渐转变为培养日语专业学生跨文化交际能力，如依据交际情景进行恰当的表现、善于欣赏日本文化、超越民族中心主义思想等能力。在日语跨文化交际能力培养与教学目标发生转变的同时，与教学相关的方法、课程内容、教育理念等也在发生着重大的变革。

二、日语跨文化教学理念

（一）语言教学即文化教学的理念

语言学及相关学科的持续进步，使得文化教学（即语言教学）逐渐成为日语教育者的共识。

这一教学理念，是构筑在语言与文化依存关系之上的。例如，萨丕尔曾提出过"语言不能脱离文化而存在"的论断。在《语言与文化》一书中，C. 克拉姆契（Claire Kramsch）从语言的文化功能角度，论述了语言与文化的关系，并表示：语言在一定程度上表达、体现与象征着文化现实。可见，语言通常被作为基石与符号，存在于文化之中，因此它也是最核心的文化内容之一。可以说，学习文化是语言学习中必不可少的。

语言、文化与交际间，存在着十分密切的联系，这也决定了语言教学本质上属于文化教学。因此，语言学习真正的含义，就是学习语言与文化；达成跨文化交际，是外语教学的方式。

由此可见，日语教学并不局限于单一的语言教学，也是一种文化的教学。因此，日语教学不仅要培养学习者正确的语言应用规范，帮助其掌握语言知识体系（如词汇、语法、语音等），确保其能够同日语使用人群进行有效沟通；还要带领学习者突破本族语、目的语及其文化的制约，认识到日本文化下的日语是怎样反映其国人性格、民族心理、宗教信仰及价值观念的。换句话来说，就是要了解他们的社会文化，以此培养适应性极强的、灵活的交际能力，在各种社会文化环境下游刃有余地进行交际。

（二）学习者为中心的理念

学习者为中心的理念，在日语跨文化教学中十分常见。这不仅受到现代教学模式特征的影响，也充分体现了外语教学的特性。

在罗杰斯等人的构建主义与人本主义、布鲁姆的目标分类等理论的影响下，现代教学已经逐渐摆脱了传统教学忽略情意体验与能力发展，过于重视知识传输的弊端。现代教学理念，提倡将学习主体确认为学习者，予以学习者充分的尊重，重视其情感体验、智力与能力的发展。这一现象在日语教学中的体现，使得日语教学出现了培养情感、能力与知识的多维目标，也带动了传统日语教学模式的转变，当下的日语教学模式已经正式确立了学习者的中心地位。

在这一教学模式下，日语教学中的师生关系产生了重大转变，教师成为学习的促进者与指导者。在部分激进观点的影响下，甚至出现了推崇非指导性教学的现象，提出教师要侧重于开展生生间、师生间的情感交流，要着重培育学习者的自主学习能力。

在此情况下，学生逐渐成为更具参与感、更积极的角色，这与传统教学模式有很大的区别。就课程组织形式而言，培育学生语言内涵及活动相关概念的理解力，已经成为了教师的必然职责。同时，这一模式也给予了学生更多活动方式上的决定权，并以此强化了学生的活动参与性与主体性。

因此，在日语教学中，教师要最大限度地开发学习者的智力资源与情感资源，并将学习过程同学生的生活体验进行高度关联。在此背景下，课程设计逐渐成为了有效协商教学关系的重要过程，教师与学生之间协商的结果，往往决定着教学的内容与形式，这与传统的课程设计截然不同。

在传统教学中，课程设计的决定者并不包含学生，而是局外专家，诸如课程设计者、需求分析家等。在现代教学中，学习者充分参与了课程设计的每一个环节，也参与了内容选择、教学方法与评价等具体化的决策过程。这在很大程度上，直接反映出学习者主体性的提高。

（三）合作教学理念

顾名思义，在总体的教学过程中，先确定共同的学习目标与任务再进行互助性分工学习，就是合作教学。这一理念，要求教学双方要将个体的学习进步与总体的学习发展进行紧密结合，在完成共同学习任务的前提下，达成个体的学习目标。这是一个 20 世纪创新性的教学理念，最早出现于美国。到了 21 世纪，合作教学逐渐衍生出了一套具备高度实践性与创意性的教学理论与策略体系。合作教学的优势在于，能够有效改善总体的课堂教学氛围，增加学生的学习投入度，依靠学生专注度的提高，达成良好的学习成效，最终促成学生的全面发展。因此，这一理念也获得了国际各国的认可与持续关注，是当下主流的跨文化教学策略理论之一，被世人称为"近几十年来最成功与最重要的教学理念创新"。同其他跨文化教学理念一样，合作教学理念也逐渐被运用于国内的跨文化日语交际教学。

在传统的日语教学模式中，教师在进行情景交际教学时，往往会要求学生自主寻找对话同伴，组成一个临时性的对话组织，针对某个特定的日语交际情景来开展现场交流体验。虽然，这种日语教学方式，在一定程度上体现出了对学生跨文化交际能力的培养。但据相关研究显示，学生往往习惯于同比较熟悉的同学一起进行日语交际对话，很少会更换对话伙伴。随着对话双方熟悉度的日益增长，学生日语练习与演示的积极性会逐渐降低。究其原因，是由于这种自发式的固定组织对话，在一定程度上将学生划分为了不同的对话组织，组织间很少进行交流，导致学生在完成日语学习任务时处于一个孤立的单线程之中，无法调动学生的专注度。同时，这种传统的对话学习模式，也不利于让学生收获不同的对话观众，不能有效激发起日语交际表现的积极性，无法调动学生形成的交际氛围，不利于学生日语学习的深入开展。此外，传统模式下的日语对话教学，往往只是进行简单的对话训练，教师很少依据对话内容营造活灵活现的口语情境，这会使学生很难带入对话场景，部分心理素质较弱的学生容易出现日语交际焦虑感，不利于其学习的持续开展，也无法取得良好的交际对话成果。而采取合作学习模式，能够补足传统日语教学模式对话教学的不足之处。

对日语教学来说，合作教学是一种张弛有度、有的放矢的实践学习模式。部分日语教师在进行教学时，引入了这一教学理念，构筑了合作化的课堂教学实践模式。具体来说，这些教师往往会将班级制的学生，划分为若干个不同的日语学习小组，并进行相应的小组命名，以有效区分不同的日语学习小组。由于小组学习具备一定的对照性，小组间会形成一种良性的竞争交流关系，有利于持续激发学生的学习专注度与热情。同时，合作教学中的小组往往由两个以上成员构成，这有利于营造良好的日语交际学习氛围，帮助学生在各种各样的日语交际活动中减轻与排解交际所引发的焦虑心理。因此，在合作教学日语课堂中，学习者往往具备更高的创造性、积极性与自愿性。此外，小组之间的良性竞争，能够带动不同组员生成一种互动式的语言学习状态，增加学生习得语言的可能性，在灵活多变的课堂合作中，逐步提高自身的跨文化交际能力。

三、传统日语教学模式分析

从国内的日语教学发展情况来看，教学的对象主要是以基础相对薄弱的学生为主。在此情况下，基础性语言知识的教学显得尤为重要，这也引发了一系列的教学问题：

其一，过于重视语言知识的传授，轻视实践性语言内容的教学。从国内高校的课程设置来看，许多高校存在过分重视"读"的现象，如：精读基础日语课程、精读课程等。诸如此类的课程，往往会将日语教学等同于语法与词汇学习。与之相对，语言交际技能训练课程等应用类课程，所占课时并不多，学校也很少为学生提供"说"与"听"

的语言训练机会。然而，日语课程从本质上来看应该隶属于应用型课程，在这类课程中学生掌握相关的书面知识固然重要，但更应该具备一定的实践应用能力，这也是日语学习的指向性目标。而采取传统日语教学模式的高校，并没有真正意识到语言实践教学的内在价值，也没有充分重视语言交际的重要性，普遍存在这种重知识传输、轻实践应用的现象，长此以往，学习者就很难通过高校日语课程的学习，掌握实质性的语言应用技能，便会引发学习者实践交流能力低下的情况。

其二，教学方法方面的存在问题。在国内传统日语课堂中，教师往往更注重开展语法与词汇知识的讲解，十分关注学生对词、句的理解，从而忽视了文化导入教学、上下文语境教学。上文中所提及的语用，便包含了把控上下文的语境。

其三，轻视学习者跨文化交际能力培养的现象十分突出。在传统的日语课堂中，若教师没有进行文化导入教学、没有开展日语相关的文化知识传授，或不进行语言交流技能训练，学习者就很难学到实质性的交际技能，学习者所接触到的内容就只剩下书面化的知识。当这些学生进入实际的日语运用情境后，便会出现畏难情绪，很少有学生能够顺利完成日语交流。此外，许多学校在设置日语专业时，缺失了对日语特殊性的考量，进而使得课程设置出现了偏差。

在国内高校中，日语的课程设置惯例，并不适用于基础薄弱的日语专业学生。若高校压减日语课时量，教师就只来得及在课上传授基础性的日语知识，学生也无法确保日语学习的时间充裕性。这一现象，也是引发国内日语学习者跨文化交际能力低下的因素之一。

其四，忽视教学反馈，也是传统日语教学模式十分突出的问题。培养学生的日语语言能力是日语教育的重要目的，而学生语言能力的提升，必然是循序渐进的。因此，日语教师需要分阶段实时跟进学生的学习情况，并及时了解教学中存在的问题。只有这样，才能构筑积极正向的日语发展课堂。然而，在国内采用传统模式开展日语教学的高校中，很少有学校会设置专业的实时教学反馈环节。这是由于传统教学模式中教师处于主导地位，而学生处在被动接收的位置，"教师讲+学生听"几乎成了传统日语教学的固有模式，学习者的学习体验与感受很少会受到教育工作者的重视，进而引发了忽视教学反馈的情况。长期在这种学习氛围下学习的学生，他们很难依据学习情况，及时了解自身的跨文化日语交际水平，更无法及时发现自身在学习中的问题并寻求帮助，久而久之，他们的跨文化交际能力便很难得到提高。

其五，教学体制固化也是传统日语教学模式的一大问题。在传统日语教学模式的影响下，传统日语课堂存在教学体系固化的现象，教与学之间往往是单向的，并没有形成良好的教学互动。在传统日语课堂上，教学的主动权往往掌握在教师手中，学生扮演着被动接收教学传输的角色。因此，在这种模式下，教学体制逐渐被固化为：以粉笔与黑板开展填鸭式日语传输的体系。这固化的教学体制，不仅不符合教育部规定的教学生态建设要求，容易引发教学体制上的僵化；也不利于学生在学习过程中充分发挥主观能动性，更无法帮助学生有效提高节日与交际能力。同时，这种固化的传统日语教学体制，最大的弊端就是无法有效平衡教学关系，也不能体现出学生的主体地位，更无法推动日语教学生态的建设与发展。

可见，在传统日语教学模式下，国内学习者往往无法获得良好的学习生态，引发了日语教学生态危机，无法将日语教育真正的价值体现于教学过程之中。当然，这种灌输式的教学模式并没有随着传统教学模式的革新而消除，仍然存在于当下的高校日语课堂中。就目前来说，国内高校在进行日语教育时，所运用的教育机制也不能有效协调学生的学习需求与教师的教学有效性，由于没有形成良性的、动态的教学生态链，教学模式固化现象严重，这于语言学习是非常不利的。

综上所述，国内高校要做好日语教育工作，就需要先认识到语言与语用的关联之处，理清两者之间的关系，更好地将解决歧义的语用策略进行传授。唯有如此，才能带动国内日语学习者跨文化交际能力的提升。

四、构建跨文化日语教学模式策略

在语言教学中，日语教师要尤为注意语言教学内容同日本语言文化背景的关联性，而不能脱离文化背景进行单一化的语言知识传授。同时，日语教师还要在各个教学阶段，融入日本文化、日本人的心理特征、行为习惯等内容。

在语言教学中，文化知识传输尤为重要。如果，教师能够在语言教学中，有效优化学习者的跨文化交际能力，就能够推动外语教学的健康持续发展。就当下而言，建设跨文化日语教学模式，已经成为了至关重要的教学改革环节。

（一）教师应转变教学理念，调整教学内容

首先，教师要及时更新自身的教学基础理念。对本科阶段的日语学生来说，只进行语法、词汇与语音层面的学习，就会出现语法正确、词汇量充足、发音标准，但无法在现实场合中成功进行日语交际的现象。究其原因，是学习者语言环境、文化背景、语言形式等方面的认知不足与语用分析不到位引发的。可见，只进行语法、词汇、语音等语言知识的教学，是不能满足跨文化交际需求的。教师还要注重开展语言环境、文化背景与语言形式方面教学，并教会学生正确进行语用分析。在此基础上，还要多创设一些外语环境或外语对话情境，引导与鼓励学习者进行多维的外语交流。

其次，要对现有的教学内容进行调整。进入中国特色社会主义建设新时期以来，我国社会面临着大量的跨文化交际人员需求。因此，高校在设置日语课程时，要依据社会需求情况，进行适当的教学内容调整。

高校不仅要注重开展多维的语言技能训练，如开设专门的语言技能训练课程，帮助学生完成听、说、读、写、译等方面的训练；还要注重带领学生开展日语文化的学习，鼓励学生阅读日本文学作品，自主探究日本的文化和历史。此外，在开展日语教学的同时，也不能忽

视了中文基础知识的传授，要帮助学生树立正确的中国文化认知态度，让学生对本国文化有充分的了解。唯有如此，才能为祖国培养符合社会发展需求的文化外宣工作者，通过日语教育构筑结实的中日友好交流通道。

（二）进行课堂教学改革，引导学生提升跨文化交际能力

从教学目的上来看，开展日语教学工作，不仅是为了让学习者掌握一种语言，更是为了让学生具备各种语言情境下的日语理解力，使学生能够在不同场合运用恰当的语言表述自身的观点和认知，进而达成跨文化交际目的。

教师单向讲授是传统日语课堂最为主要的特征。在传统课堂上，日语教师往往会采用语法教授与翻译练习相结合的"语法翻译法"来达成语言教授的目的。

除教师点名学生进行发言的情况外，传统的日语课堂上几乎不存在运用日语开展交流的机会。因此，当学生来到日语交际场合时，实战经验的匮乏性，会直接引发日语交际阻碍，甚至出现交际失败的情况。在我们看来，要真正实现日语课堂教学模式的变革，就需要从以下这些方面着手：

其一，转变课堂教学的中心。现代教学模式，十分倡导构筑以学习者为中心的翻转课堂。以学习者为中心，指将教学中心确认为学习者的学习需要与学习效果。这一教学模式的创新之处，在于摆脱了对教学视频的依赖，更加注重学习者的课堂探究行为与自主思考行为，因而学习者也被赋予了更高的参与度，他们的课内学习思维会显得十分活跃，其课外学习投入度也会随之增加。翻转课堂在日语教学中的应用，往往需要遵循一定的原则，即综合设计原则、针对性与互动性相结合的原则、课前学习资源设计合理化原则、多样化综合化考评原则。同时，翻转课堂也对高校日语教师提出了更高的要求，要求其及时更新教学理念，学会依据社会需求与学习需求，运用针对性更高的方式来展开教学，并充分激发日语学习者的自主性，构筑良好的跨文化日语教学氛围。

其二，转变课堂教学的重心。要将教学重心从"知识传授"过渡到"引导交际"。教师在授课时，要注重选取能够构建外语环境的方法进行教学，如交际语用法、语境教学法等。同时，还要注重建设交际为目的、以学生为中心的教学活动，并在活动中进行双向的师生教学信息交流，帮助学生树立学习自信，激发其学习热情，强化学生语言技能运用的创造性，进而帮助他们形成良好的跨文化交际能力。

其三，课堂教学改革中难免会使用到先进的设备，如多媒体、VR、VC 等。这些设备的引入与运用，能够在很大程度上改善课堂教学形式固化、教学手段单一的现象，还能有效带动课堂教学内容的优化与更新，将优良的语言背景知识传授给学生。同时，现代教育中十分盛行的慕课、微课等教学模式，也能够带动教学质量的提升，帮助学生取得更加优异的学习效果。

此外，要将日语课堂教学分析常态化，促进课堂教学的完善。开展课堂教学分析工作，是为了及时总结教学情况，查验课堂教学中潜在的问题，并完成教学改进。集体分析与自我分析，是最为常见的两种课堂教学分析形式。前者是指结课后的集体评议，分析参与者往往包含任课教师、教务组、专家等；后者则体现为任课教师的课后反思。将日语课堂教学分析常态化，能够从教学者的角度及时优化自身的教学行为，找出日语课堂的发展方向，并形成良性的日语课堂教学闭环，带动日语课堂学习成效的持续提高。

（三）增加多种实践机会，使学生在实践中提高跨文化交际水平

常言道：实践出真知，只有通过反复的实践，才能从本质上提高学生的跨文化交际水平。俺要开展多元的跨文化交际实践教学，就需要从以下几个方面进行：

其一，通过引入日本原版的图书资料，如报纸、漫画、杂志、小说、教材等。通过引入这些原汁原味的图文资料，可以让学生直观接触到现实中的日语，近距离体会日本人的内心活动，进一步强化学生对日本文化的感受度，为跨文化交际的顺利开展，打下坚实的基础。

其二，为学生创造多元的国际交流机会，自发引入高素质的日本留学生与日籍教师，搭建校内跨文化交流平台。一方面，要定期对日语教师队伍进行考核培训，提高他们的执教素质；另一方面，要积极参与国际交流活动。以延安大学为例，该学校同日本九州外国语学院一同设立了一个跨国文化交流平台——海外实习基地项目。该校的学生，可以依靠这个项目，接触真实的日本社会，体会原汁原味的日本语言，进而对日本文化产生深刻的认知，这能够有效带动学生日语应用能力的提高。

其三，积极组织多种多样的日语课外活动，为学生创设优质的日语交际环境。譬如，学校可以定期开展日语演讲竞赛、日语配音竞赛，还可以针对日语基础较好的学生，开设专门的交际模拟活动，如外语文化节、商务谈判模拟、陪同翻译场景模拟等。这些活动，能够有效提高学生的跨文化交际实践参与度，激发学习者的语言学习积极性，为他们提供成功的交际体验，在拓展日语知识的同时，优化其跨文化交际能力。

此外，要为学生提供多元的中日文化对比实践机会，依靠对比教学，提高学生对本土文化的认知，加深学生对异文化的理解。教师可以通过营造对比性极强的实践氛围，吸引学生自觉带入不同国家的文化环境之中，依靠强烈的感官体验，学到更多特色鲜明的日本文化内容与知识，并对本土文化特性产生深刻的感受。例如，教师可以通过中日饮食文化对比实践活动，将"中日餐饮文化的同与异"作为实践主题，创设相应的交流情境，引导学生自主带入中日饮食文化角色之中，以此激发学生对中日文化异同之处的思考，展开一场跨国式的同类文化交际活动，持续深化学生的跨文化交际意识，树立正确的跨文化态度，以此提高学生不同跨文化交际情景下的语用分析能力。

（四）基于现代教育技术改革教学模式

目前，跨文化教育界越来越重视现代教育技术基础上的教学模式，这一模式也得到了普及。以日语教学为例，这一模式将日语跨文化教学同现代教育技术进行了融合发展，不仅强调日语学习者是教学的中心，还突出了日语文化学习的特点。较传统教学模式而言，这一模式往往具备集视频、音频、图像、文字等感官形式上的信息交互为一体，形式多样，内容丰富的特点。同时，这一模式也汲取了支架式教学与合作学习的特点，为跨文化教学模式的发展，提供了全新的思路。

现代教育技术，为教学实践提供了更多的可能性，实践教学方式逐渐多样化。例如，目前教师可以在构筑跨文化教学多媒体资源库的基础上，灵活运用多种多样的教学工具，如图像、音频、视频、文字等，进行教学。又如，虚拟现实教学的普遍应用，即通过一体化的触、听、视，开展重复再现性、交互性与仿真性的跨文化交流。同时，虚拟现实教学也进一步提高了学生开展实践交流的可能性，通过数据化的方式再现了真实的文化情景，为他们提供了大量的跨文化交流机会。因此，这一方式能够将交际同文化、语言教学有机结合。除此之外，现代教育技术为实时答疑解惑提供的可能性，学习者可以借助网络资源，多途径开展学习讨论，寻求学习进步，还可以借助网络资源实现真正意义上的跨文化交流。因此，这一学习方式，也受到了诸多学习者的关注。

要运用现代教育技术进行日语教学模式改革带动日语教学的全面发展，则需要从以下两个方面着手。

首先，需要各大高校先革除陈旧的日语教学模式，不再将教学内容限制于教材之内，而是依靠互联网技术，整合社会上现有的优质教学资源，开展动态化的联网教学，全面构筑线下与线上混合的教学模式。在传统的日语课堂中，学生很少能够接触到超出课堂教材的日语元素，也无法通过各种途径自主开展日语文化学习，不能很好地提高学生总体的日语素养。而在联网环境下，学生可以灵活运用网络技术，依据自身的学习情况，开展针对性的日语资源检索与学习。这在很大程度上，为学生开展主动化、个性化的日语学习活动提供了可能性。因此，开展动态化的联网教学，不仅能够革除传统教学模式的弊端，还可以有效优化学生的日语学习视野，强化学习者对日语学科的了解程度，并帮助学生逐渐养成自主学习日语的习惯。

其次，要抓住日语学习的特性，运用现代教育技术全面拓展日语教学资源。在传统教学模式中，日语学习具备十分明显的狭隘性，再加上学生处于被动接收的状态，他们很少能够接触到与时俱进的日语学习资源。随着现代教育技术的持续进步，我国逐渐开通了各种跨文化学习平台与途径，如慕课、直播课等。因此，教师在具体的教学过程中，要及时突破教材对日语学习的限制，主张运用网络上丰富多元的教育资源，有效拓展日语学习的丰富性与层次性。此外，教师还要大力倡导日语学习者，在网络上与日本人开展动态化的线上交际，增强学生的日语综合运用能力，逐步完善学习者的日语知识储备体系。

（五）借助日语教育心理知识，帮助学生克服各种跨文化交际障碍

跨文化交际是日语学习的归宿，也是日语教育的主要方向。然而，处于异文化环境下的日语学习者，往往同时面临着两种文化的冲击，其学习的过程也是异族文化同本族文化认知与情感的互动。在总体的日语学习过程中，学习者的心理会随着日语学习的深入发生一系列变化。因此，日语学习具备一定的复杂性，教师不仅要考虑知识层面的学习，还要时刻关注日语学习者的心理状态，帮助学习者培养正确的日语学习心态。

在日语学习过程中，常见的学习者心理障碍诱因有：文化偏见、文化定型与民族中心主义。这些因素，也是引发日语跨文化交际心理障碍的主要原因，直接关乎日语学习者能否取得良好的语言学习成果。而要有效解决这些常见的心理障碍，高效开展日语交际学习，则需要从以下几个方面着手：

其一，引导学生树立文化定型反思意识。文化定型是客观存在的认知方式之一，所有的跨文化学习者都存在文化定型现象。而在不同文化背景下进行的跨文化交际，往往需要依赖某种文化定型。若这种文化定型，存在一定程度的标签化现象，或出现过分概括的情况，就

很容易出现沟通者人为创造沟通屏障的现象，不利于跨文化交际理解，也无法将跨文化交流通常进行下去。因此，教师需要带领日语专业的学习者，逐渐树立一种科学的文化定型反思意识，带领学生从科学客观角度对自身的文化定型情况进行反思，引导学生正确看待"下意识的""想当然的"文化交际认知。一方面，不能因为片面的个人文化印象，而进行以偏概全式的语言学习；另一方面，要逐渐反思这种文化定型的形成过程，破除定势思维对文化交际的阻碍，降低日语交际理解的不确定性，有效消除日语跨文化交际中的理解失误。

其二，要持续灌输文化相对理论意识，帮助学生看清民族中心主义引发的偏见，用正确的态度去认识日语语言文化与日本文化。在日语跨文化交际教学中，文化相对论观点是十分重要的，只有将文化相对论观点传输给日语学习者，才能帮助其树立正确地日语学习观，帮助日语学习者从个人认知角度逐渐调和本土文化与日语文化之间的关系，在保留本土文化特色的基础上，科学正确地去对待外来文化。与此同时，树立文化相对论意识，还能帮助学习者平等客观地认知日语文化，更好地理解日本文化与日语文化，进一步形成多元的文化视野，及时从日本文化中发现中日文化的共性，找出中日文化之间的差异性与敏感之处，更好地在跨文化交际中同日本人进行交流。

其三，要有效克服交际心理障碍，就需要教师逐步培养日语学习者的文化移情能力。所谓的文化移情能力，是指在跨文化交际中交际者要能够依据现实需求自觉切换文化立场，构筑超越本土思维的跨文化认知模式，摆脱文化对跨文化交际的束缚，如实地理解、领悟与感受日本文化与日语内容，不运用个体化的文化标准或经验去评判他国文化，推己及人地进行日语沟通，以此达成更好的交际成效。通常而言，要培养跨文化交际中的文化移情能力，需要分六步走：（1）了解并认可世界文化的多元性；（2）帮助学生充分认知本土文化内容，充分了解自我；（3）悬置自我；（4）换他人视角来进行问题分析，推己及人；（5）做好文化移情的准备；（6）重塑自我的文化认知。因此，教师可以严格依照这些步骤，制定切实可行的日语学习文化移情能力培养策略。正如刘润清为《跨文化交际——外国语言文学中的隐蔽文化》中所述："两种文化相遇，只有区别，没有优劣，尽量去理解、容忍、接纳对方，而不是排斥、敌视、污蔑对方，世上缺少的是多文化人"。培养日语学习者的文化移情能力，能够让他们发展成为"多文化人"，更好地完成日语跨文化交际任务，培养符合社会发展需求的日语跨文化交际人才。

（六）在现代教学模式基础上，构筑系统化的日语教学评价体系

首先，要构筑具备高度灵敏性的日语教学评价体系。在日语教学中，教学评价不仅是教师教学成效的直接反应，也是教学调整与改革的重要依据来源。因此，日语教师要将具体化的日语教学过程作为评价对象，充分运用构建主义理论，及时了解与记录学生具体的日语学习细节，这些细节包含学习方式、学习习惯、交际态度、学习理念、学习反馈等内容。在此基础上，进一步构筑具备高度过程性的日语学习反馈体系。与此同时，这还需要教师及时转变"轻过程，重结果"的评价方式，构筑过程与结果同等重要的联动评价体系，更好抓取学生的学习状态与学习情况，为学生提供及时有效的日语教学引导与知识传输，帮助部分日语学习困难的学生，调整其学习策略，带其日语学习成效的提高。

其次，要构筑多元化的日语教学评价体系，进一步扩充日语教学评价的主体，引入多元的方式进行教学评价。在过去的几十年中，我国日语教学存在明显的评价方式与评价主体单一化现象。例如，日语教师的评价主体往往只包含教师与教务工作人员，作为学习主体的学生则被排除在教学评价环节之外，也很少有教师会去了解与收集学生的教学意见。在此情况下，国内日语教学形成了以成绩为主要指标的单一化评价模式，这不能有效反馈具体的学习过程，也无法对学生的教学接收情况进行针对性的调整。因此，日语教师要将学生作为评价主体，开展多角度的评价。一方面，要让学生开展自我学习评价，了解学生的个人学习情况；另一方面，要鼓励学生开展教学互评，对教

师现行的教学方式、教学设置、教学模式等内容进行综合性评价。

此外，日语教育工作者要进一步优化日语教学考核方式，进行考核指标权重设置。在教学活动与能力目标关联后，接着要以两者为基础确定关键性指标，而后通过指标内容选择对应的考核方式。在这一过程中，关键性指标除了要切实反映教学情况外，还要满足实际平台需求，比如：在线上平台，指标内容不仅要具备易于量化特征，还要能对相关情况真实衡量，如"在线时长"指标虽然在量化时难度较低，但如果完全依靠这一指标衡量学生学习态度、出勤率、学习效率等是不科学的，还需要结合其他指标进行综合考量。具体来看，日语教学评价体系可以划分为线上关键指标、线上非关键指标、线下关键指标以及线下非关键指标，评价方式包括形成性评价、总结性评价等，比如在对线上非关键性指标测定中，单元测试、单元作业、期末测试等是测定内容，形成性评价与总结性评价是具体采用的评价方式。一般来说，权重设置的目的是确定考核指标在评价体系中的占比情况。要想获得科学合理的评价结果，需要在权重设置时综合考量，比如在对学生线上学习情况的评价中，"在线时长"的权重占比应该相应降低，而"随堂测验"的权重占比应得到提升，因为"随堂测验"更能反映出学生是否认真听讲；在线下教学中，"教师评价"的权重占比应降低，而学生互评权重占比应提升，这样不仅可以激发学生参与评价的热情，还能增强评价结果的客观性，从而使学生得到全面客观的评价。考核指标权重设置并不是固定不变的，而是要基于具体情况做出灵活应对。譬如，在日语教学中，语言基础知识评价应以语法、词汇等考试成绩为主，但在对口语表达能力与写作能力进行评价时，要以现场实际效果为重要指标。

第四章 跨文化视角下日语语境构建与教学实践

第一节 日语教学中的语际转换

一、概述

日语教学中的语际转换（Interlanguage Transfer），是指学习者在学习第二语言时，由于母语和目标语的不同，将自己的母语语言系统中的语言结构、语音、语义、语用等方面的知识和技能，直接或间接地运用到学习的目标语言中，从而使得目标语言学习受到交叉干扰的情况。这种情况在语言学习过程中非常常见，尤其在日语教学中更是普遍存在。

在日语教学中，语际转换是非常重要的一环。由于日语和汉语有很多相似之处，因此初学者容易将日语和汉语混淆，造成语言学习的诸多障碍。语际转换的应用可以帮助学生逐渐适应日语的语言规范和语言习惯，同时让学生了解日本的文化背景和社会环境，更好地理解和使用日语。

在语言转换方面，教师可以引导学生通过对比日语和汉语的语音、词汇和语法等要素，帮助学生把握它们之间的异同点。通过这种比较和对比的方式，学生可以更快速地掌握日语的语音、语法和词汇，进而更好地理解和运用日语。

语音是语言的基础，也是学生最容易混淆的部分之一。在汉语中，发音时往往需要注意声调，而在日语中则需要注意音调和音长。教师可以通过对比两种语言的发音规则，帮助学生正确掌握日语的发音，避免出现错误的发音。例如，汉语中的四声是非常重要的，而在日语中则需要注意音节的音调和音长。通过对比和练习，学生可以逐渐习惯正确的发音，进而更好地运用日语进行交流。

词汇的差异也是学生学习日语时需要面对的问题之一。汉语和日语的词汇有许多相同的部分，但也有很多不同的词汇。教师可以通过对比和举例子来帮助学生掌握日语的词汇，并且要注重让学生理解这些词汇的实际用法。通过反复练习和运用，学生可以逐渐习惯使用日语的词汇。

语法是学生在学习日语时需要掌握的重要内容之一。汉语和日语的语法有很多不同的地方，例如日语中的名词修饰语是放在名词前面的，而在汉语中则是放在名词后面。教师可以通过对比和举例子来帮助学生理解日语的语法，要求学生熟练掌握各种语法规则，并在实践中灵活运用。通过不断的实践和反复练习，学生可以逐渐掌握日语的语法，并运用自如。

二、日语翻译与语音

语音学着重研究语音的产生、语音的构成，强调对语音性质的解读、语音系统的构成分析，以及明确语音是如何组合起来来表达某种意义的。语音学的研究与发展奠定了翻译研究中语音探索的基础。语音兼顾生理、心理与物理属性，也具有有一定的社会属性。生理属性对应语音的全人类共有性，社会属性则强调言语社团的差异性。语音与意义结合遵循既定的规则要求，很可能会出现同一个意义，不同语言、不同语音灵活组合的情况。

即使意义相同，在同一种语言中表达也会有不同的方言语音，这对翻译而言挑战不小。试想一下，如果没有音与音、音与义的结合，没有它们结合的差异性，那么翻译起来就没有必要了，也就不需要翻译出来了。翻译之所以是有意义的工作，正是因为它千差万别，极富挑战性。正是因为富有挑战性，翻译研究才会被人们所关注。站在语音学的发展角度看，发音器官相同、发音机制相似，但在音与音的结合、音与义的结合上却没有明确的限制，组合多是任意的，这就导致了翻译难度较大，也使得翻译更为有必要。

在进行日语翻译时，需要了解源语言和目标语言之间的语音差异和语音规律，以确保翻译的准确性和流畅性。首先，在日语翻译中，语音学帮助翻译人员正确地发音和理解语音信息。由于日语和其他语言的语音差异，翻译人员需要了解日语的音素和音节系统，以便正确地发音和听取日语的语音信息。例如，日语有五个元音音素，而汉语有七个元音音素，翻译人员需要注意日语的元音发音，并学习如何正确地发音。其次，在日语翻译中，语音学也有助于翻译人员理解词汇的意义。日语中的一些词汇和表达方式可能只在语音上有所不同，但这种差异却可能会影响到翻译能否正确表示该语言本身的意思。此外，在日语翻译中，语音学还可以帮助翻译人员理解语音变化对意思的影响。在日语中，音变现象很常见，例如长音、促音和拗音等，这些变化可能会改变词汇的意思。翻译人员必须对这些具体的变化耳熟于心，以保证翻译的"信、达、雅"。

三、日语翻译与文字、词汇

对于文字的发展解读，目前我们还没有得出明确的结论。我们用辩证唯物主义与历史唯物主义的观点来解读文字，认为其属于全体人民，属于人民智慧的结晶。文字的使用则是文字言语社团约定的结果。在考古研究中发现，现代文字最早起源于图画，所以现代的拼音与方块文字，它们的雏形都是象形文字。世界上的书写文字无外乎两大类，分别为拼音文字和方块文字。字母构成拼音文字，是其基础构成单元。方块文字的基本构成单元是笔顺，汉语的书写按照一定的笔顺，先有部首，再有部首构成的汉字。汉字再构成词语，再由词语构成词组，再从词组构成句子，句子进一步丰富成为段落，段落连接又成为篇章。但也不乏这种情况，一个笔顺是一个部首或一个部首就是一个汉字。一个汉字就对应一个单词，一个单词本身就是一个词组，甚至一个词组就可以代表一个句子，一个句子就可以表示一个段落的意思。但无论如何，汉语最小的语篇是笔顺。笔顺如果不单独构成单词，一般不具有存在的意义，但与之不同的是，部首是有意义的，汉语的形声字就是使用偏旁部首来表达意义。在翻译中，口译比较富有挑战性，它以语音翻译语音为目的。而笔译，显而易见是用文字翻译文字。在研究翻译时，要重点解读文字与文字之间如何在语境中搭配使用，如何在特定的语境意义中相互转化的问题。因为汉语是典型的方块文字，即便会使用到汉语拼音，但在生活中几乎难以看到用汉语拼音写作表达的情况。

日语有三种书写形式：平假名、片假名和汉字。其中平假名和片假名都是由日本人自己发明的。平假名是一种由 46 个基本字符组成的字母表，通常用于书写日本词汇中的助词、动词和形容词等。平假名的字形圆润，易于书写和阅读，也是初学者学习日语时最先学习的书写形式之一。片假名是另一种由 46 个基本字符组成的字母表，它的字形较为方正，通常用于书写外来语、人名、机构名和科学技术术语等。片假名在日语中也扮演着重要的角色，因为它可以帮助日语使用者更好地理解外来语的发音和意义。汉字是从中国传入日本的，其字形更加复杂，但表达更加丰富。汉字在日语中通常用于书写名词、动词和形容词等基本单词，以及表示时间、数量和方向等概念。汉字在日本文化和传统中也扮演着重要的角色，因为它是日本文化和汉字文化交流的重要桥梁。

在翻译中，翻译员需要充分理解原文的语言特点和语境，同时根据目标语言的语言特点和语境来进行翻译。掌握两种语言的文字形式和用法是翻译的基础，也是实现跨文化交流的重要途径之一。

四、日语翻译与段落、篇章

翻译与段落、篇章方面有关联的内容很多，这里主要讨论语篇的衔接与连贯。在讨论语篇的衔接与连贯之前，先明确段落与篇章两个不同的概念。段落与篇章可以连用，一般统称为语篇。但实质上两者是单独的概念，篇章是完整的语篇，而段落只是完整语篇中的一个构成部分。一些比较特殊的情况下，一个段落就对应一个句子。

在汉语里经常有大段大段的说法，但这并不是一个严谨的术语。在此，笔者倾向于使用自然段、大段、语篇三个术语，并且认为自然段大于或等于句子，大段大于或等于自然段，语境大于或等于大段。之所以自然段、大段或语篇存在并被人们使用，就在于它们意义可以连贯，形式可以有效衔接。

在日语翻译中，段落和篇章的应用非常重要，它们可以帮助翻译员理解原文的结构和意义，并在翻译中准确传达信息和表达意思。首先，段落在日语中的应用非常严谨，通常由主题句和支持句构成，通过主题句概括段落的主旨，并通过支持句来展开和说明主题句。在翻译中，翻译员需要理解原文段落的结构和主旨，恰当地将其翻译成目标语言的段落，以确保翻译的准确性和流畅性。其次，篇章在日语中的应用也非常严谨，通常由导言、主体和结论构成。导言部分介绍文章的主题和目的，主体部分是文章的主要内容，包括观点、论证和支持材料，而结论部分则是对主体部分的总结。在翻译中，翻译员需要理解原文篇章的结构和主旨，以确保翻译的准确性和流畅性。

语篇的衔接与连贯是语言学的重要概念，系统功能语言学者对语篇问题进行了重点分析，在分析中重点围绕语篇的衔接与连贯展开。衔接与连贯是关联关系，在讨论衔接时不能脱离连贯，在分析连贯时也要结合衔接，两者是你中有我、我中有你的关系。从连贯在意义层面上的呈现来看，衔接是词汇语法层面的具体现象，连贯侧重的是目的，衔接则强调过程。

在实现连贯方面，日语常常采用的手段包括指代、重复、省略、对比、并列等。指代指的是通过代词、名词性语言等手段，将前后文中的相关内容联系起来。例如，前文提到的某个人或事物，可以在后文中用代词或名词性语言指代，以达到连贯的效果。重复则是通过反复出现相同的词汇、句式或结构，来加强文章的连贯性。省略则是指在上下文中，省略掉一些可以被推断出来的词语，以便让文章更加简洁明了。对比和并列则是通过对比和并列的手法，来呈现出文章内部的逻辑关系，使整篇文章具有内在的连贯性。在衔接方面，日语常常采用的手段包括过渡句、转折语、承上启下等。过渡句可以在不同的段落之间，发挥桥梁的作用，将前一段落的主题与下一段落的主题联系起来。转折语则是通过使用一些转折性的词汇或句式，将文章中的不同部分联系起来，使文章呈现出一个更加完整的思路。承上启下则是通过在段落之间使用一些相似的词语或句式，来达到衔接的效果，使文章更加统一和连贯。

语篇意义重组最基本的手段是语法结构。在研究语法时，还是要围绕衔接与连贯的讨论展开，其基本上涵盖了语法结构的框架。语法结构其实是结构衔接的一种手段，如果我们选用适当的结构衔接手段，就能够做到语篇意义的重组。原本按照自然逻辑顺序排列的语篇就有了更丰富的意蕴，变得一波三折，引人关注。语法结构是实现日语语篇连贯和衔接的关键手段之一。与汉语或英语等其他语言相比，日语的语法结构以灵活性著称，可以更细致、更复杂地表达句子之间的逻辑关系。在日语语法结构中，动词时态和语气的使用对于表达语篇的连贯和衔接尤为重要。例如，动词的连续形式通常用于表达事件的连续性，有助于保持句子之间的连贯性。同样，使用不同的动词语气，例如推测、假设和猜想，可以通过表达说话者对所描述事件的态度来帮助建立句子之间的逻辑联系。此外，句子连接符或连词的使用是日语语法结构有助于语篇连贯和衔接的另一种方式。最后，修饰语和副词的使用也是日语语法结构的一个重要方面。通过用形容词或副词修饰名词和动词，作者或演讲者可以对事件进行更复杂和细致的描述，增强文本的整体清晰度和连贯性。

在具体的语篇层面上，日语可以利用自己的句型与语法结构上的完整性进行倒装处理，也可以借助关联词语带动语篇意义的有效重组。汉语在处理这些问题时，多以自然逻辑顺序为主线，兼顾自然时空顺序。在翻译日语时，针对部分倒装情况依然要遵循自然逻辑主线和自然时空顺序。这是保证翻译准确性的前提。如果日语原文涉及关联词语意义，重组自然逻辑与自然时空顺序依然是翻译的基本原则。

在具体的日语教学实践中，必备的环节是语际转换。通过语际转换，学生可以更加灵活地运用日语，不再受限于母语思维，从而提高了语言的表达能力。

第二节　语用蕴涵与日语言语行为

一、概述

语用蕴涵是指一种语言现象，指的是话语所具有的含义和隐含的信息与意义，这些信息或含义并不是直接表达在话语中，而是需要通过上下文、语境以及文化背景等因素进行推断和理解。语用蕴涵包括言外之意、隐含意义、暗示、讽刺等，这些含义和信息往往需要读者或听者进行推理和解读，而不是直接表达出来。

语用蕴涵的概念是奥斯卡·格鲁尼奇（Oscar Grünberg）在 20 世纪初提出的，其概念受到了逻辑学、语义学和语用学的影响。语用蕴涵在日常生活中的应用非常广泛，特别是在口语交际中更为常见。掌握语用蕴涵对于理解和解释人际交往中的语言行为非常重要，也是学习一门语言的必要内容。

日语言语行为指的是在交际中使用语言达到特定目的的行为。在日常生活中，人们使用语言来表达自己的意图、传达信息、请求帮助、交流情感等。这些语言行为的实现需要有语言能力和社会能力的双重支持。一方面，需要掌握日语语言的语法、词汇、语用等方面的知识，以便在交际中使用正确、得体的语言。另一方面，还需要了解日本的文化背景、社会习惯、礼仪规范等，以便在不同情境下选择恰当的语言行为。

在日语中，语言行为的实现还涉及语用蕴涵的概念。要想在日语交际中实现恰当的语言行为，不仅要掌握基本的语言知识和技能，还需要理解语用蕴涵的概念，并在实际使用中根据情境和语言目的选择恰当的语用蕴涵。

二、语用蕴涵的指示

语言层面与语境层面的接口被称为指示，负责在特定的语言项指称语境中指示某具体事物。在明确语言项意义时，要置身于特定的语境，一旦脱离语境，就很难准确地理解并指示词语的含义了。

语言学界一般将指示分为人称指示、地点指示、时间指示、话语指示与社会指示等。虽然指示类型多样，但其又具有相对稳定的指示应用规则。其中人称指示在语言中发挥着至关重要的作用，其价值不容小觑。它是指在交流过程中，通过使用特定的语言结构或代词等手段，明确表达说话者、听话者和涉及的其他人物之间的身份关系。在日语中，人称指示通常是通过使用特定的代词来实现。地点指示是日语语言中的一种指示手段。在日语中，地点指示则通常使用名词、代词、副词和助词等来实现，它可以帮助我们清晰地表达与地点相关的信息。

时间指示又包括时间词汇、时间状语、时态、接续法等形式。日语中的时间指示词汇可以用来表示不同的时间概念，从而对语篇的表达起重要作用。

话语指示是日语中重要的语用功能之一，可以通过各种语言手段来实现，用于表达说话者的态度、意图、认知状态等。

社会指示也是语言中常用的指示手段之一。它主要用于表达与社会相关的信息，如职业、身份、文化等。在日语中，社会指示通常使用敬语、谦让语、丁宁语等语用形式来实现，需要特别关注。例如，在日语中，使用不同的敬语、尊敬语和谦让语等语用形式来表示不同的社会关系和身份。比如，当和长辈、上司、客户等有关系的人交流时，通常会使用尊敬语，表现出尊重和礼貌；而在和同龄人、晚辈等交流时，则通常使用普通语。此外，在日语中，社会指示也可以通过选择不同的词汇来实现。比如，用汉字和假名写同一个词汇，常常会体现不同的社会文化背景和价值观念。因此，在进行日语教学时，需要注意社会指示的使用，帮助学生正确理解和运用不同的语用形式和词汇来表达不同的社会关系和身份。社会指示是语言中非常重要的功能之一，它不仅可以帮助听众或读者正确理解信息，还可以表达出不同的社会关系和身份。因此，在日语教学中，应该注重指示的教学和实践，帮助学生掌握不同的指示手段和语用形式，提高语言交际能力和社会文化意识。

通过深入的研究发现，不管是日语的指示词语还是其他语言，都和汉语的指示词一样具有系统性的特征。指示词对应发话人在特定的时空参照系中，根据自身所处的位置，使用特定的词性对语境内外进行指称。发话人要准确地将自己所看到的、所听到的、所想到的告诉他人，而他想要告诉的人可能在现场，也可能不在现场。如果这个人在现场，那么属于面对面的交际。如果这个人不在现场，就属于非面对面的交际。但不管是哪种交际方式，都必须在特定的语境下进行，特别是非面对面的交际。如果脱离语境，对方又不能看到发话人所指的具体事物，很容易产生理解上的歧义。

三、预设与蕴涵

预设是指人们在语言交际中对某些事情的默认假设或者共同理解。预设是通过语境中的词语、语调、语气等因素进行推断的，而非直接在句子中表达的。预设可以分为常识性预设和言外预设两种类型。常识性预设是指人们基于日常生活经验和社会文化背景所共同认可的某些信息，例如"太阳从东方升起"这种常识性信息。言外预设则是指在交际过程中，语言使用者对某些事情的暗示或者默示，需要通过推理来理解，例如"你还记得我们上次去的那家餐厅吗？"这句话中，暗示对方记得上次去过那家餐厅。

蕴涵是指一个命题中已经隐含了另一个命题，而这个被隐含的命题又被称为蕴涵式。实质蕴涵和形式蕴涵是最常见的分类。实质蕴涵是指通过推理可以得出的、逻辑上成立的蕴涵关系。例如，"所有的猫都是动物"这个命题中已经隐含了"猫是动物"这个实质蕴涵式。形式蕴涵则是指在语言中使用的一种语法结构，例如"如果……就……"

这个语法结构中，前面的条件就是蕴涵式。

预设和蕴涵之间的关系在于，预设是蕴涵式的来源之一。预设是在语境中被激活的，而蕴涵则是在语言表达中隐含的。因此，理解语言中的蕴涵关系需要通过进行预设推理。例如，"如果今天下雨，我就不去上课"这句话中，预设是今天可能会下雨，而蕴涵则是如果今天下雨，那么我就不去上课。

预设和蕴涵是日语教学中常用的逻辑概念，对学生理解日语语法和表达非常有用。预设是指一个语句或命题所假定的前提条件或背景信息，通常是默认的、未明确说明的。在日语教学中，预设是理解日语语法和表达的重要前提条件。例如，在学习日语动词时，需要理解不同动词的预设，以便正确理解其含义和用法。蕴涵是指一个语句或命题中包含的含义或逻辑推理所得的结论。在日语教学中，蕴涵也非常重要。例如，日语中有一种句型意思是"如果，那么"。这个句型中的蕴涵是，如果前提条件成立，结论也必须成立。在教学实践中，教师可以使用这个句型，帮助学生理解不同语句之间的逻辑关系，以便更好地掌握日语语法和表达。

在日语教学中，预设和蕴涵的应用非常广泛。教师可以使用这些逻辑概念，帮助学生更好地理解和运用日语语法和表达。例如，教师可以使用预设和蕴涵的概念，帮助学生理解日语动词的含义和用法。通过分析动词的预设和蕴涵，学生可以更好地理解不同动词的含义和用法，从而更加熟练地运用日语动词。

在日语教学中，预设和蕴涵的应用也可以帮助学生理解其他语法现象，如条件句和推论等。例如，教师可以使用条件句和推论的概念，帮助学生理解日语中不同的概念，对于这些概念的应用需要考虑到学生的语言水平和语言背景。对于初学者，教师可以通过简单的例子和练习帮助学生理解预设和蕴涵的概念。例如，教师可以让学生分析日常对话中的句子，找出其中的预设和蕴涵，并解释它们的含义和用法。对于更高级的学生，教师可以引入更复杂的例子和练习，例如让学生分析日本新闻报道中的句子，以帮助他们更深入地理解预设和蕴涵的概念。此外，教师还可以使用游戏和小组讨论等交互性的活动，帮助学生更加生动地体验和应用预设和蕴涵的概念。除了教学实践，教师还可以在课程设计中充分考虑预设和蕴涵的概念。例如，在设计语法课程时，教师可以根据学生的语言水平和语言背景，设计一些与预设和蕴涵相关的课程内容和练习，以帮助学生更好地掌握这些概念，并提高他们的语言运用能力。

总之，预设和蕴涵是日语教学中非常重要的逻辑概念。在教学实践中，教师可以通过引入相关的例子、练习和活动，帮助学生更好地理解和应用这些概念。此外，在课程设计中充分考虑预设和蕴涵的概念，也是提高学生语言能力的重要手段之一。掌握了语句之间的逻辑关系，能更好地促进学生掌握日语语法和表达方面的技能，从而熟练使用日语。

四、言语行为

言语行为理论是由语言哲学家约翰·S·奥斯汀（John Searle）提出的，旨在探讨语言行为的基本特征和语言行为与现实世界之间的关系。根据奥斯汀的理论，语言行为可以分为三种基本类型：言际行为（Locutionary Act）、言外行为（Illocutionary Act）和言后行为（Perlocutionary Act）。言际行为指的是通过使用特定的语言符号表达某种意义或信息的行为。例如，通过说出"今天天气很好"这句话，可以表达出"今天的天气非常宜人"的意思。言外行为则是指通过使用语言符号，达到特定的目的或意图的行为。这些意图可能是请求、命令、咨询、承诺等。例如，通过说出"你能帮我拿一下这个东西吗？"这句话，表达出请求的意思。言后行为具体则是指通过使用语言符号，产生某种效果或影响的行为。例如，通过说出"我很高兴见到你"这句话，可能使对方感到欣慰或高兴。此外，奥斯汀认为，言语行为的实现需要满足三个条件：言语行为的正当性、言语行为的条件以及言语行为的效果。言语行为的正当性是指它在语言规则和社交规范上的合法性，言语行为的条件是指在特定情境下实现该行为的条件，言语行为的效果是指该行为所产生的意图或目的。总之，言语行为理论是语言哲学中的重要理论，对于理解语言行为的基本特征、语言与现实世界之间的关系以及语言交际的实现具有重要意义。

在日语中，语言行为也是非常重要的一个概念。在日语中，由于其丰富的敬语、谦虚语等语言形式，语言行为的表达也有着很高的复杂性和细致性。通过使用适当的语言形式来表达不同的语言行为，可以更好地展现自己的社交意图和态度。因此，对于学习日语的人来说，掌握日语的语言行为是非常重要的一项基本技能。

总的来说，通过深入研究语用蕴涵和日语言语行为，我们可以更好地理解和应用语言，实现有效的交际和沟通。对于学习者而言，熟练掌握语用蕴涵和日语言语行为，能够帮助其更好地理解和运用日语，实现更加准确、自然和流畅的语言表达。对于教师而言，也需要在日语教学中注重语用蕴涵和日语言语行为的教学，以帮助学生掌握更加细致深入的语言知识和技能。

第三节　语境的创设与翻译配置逻辑关系

一、概述

语境构型是指语言使用者在语境中所构建的对话框架或话题领域，它是指一种特定的环境，包括时间、地点、人物、情感、经验等多个方面。在跨文化交际中，语境构型对于交际的效果有着至关重要的作用。语言使用者需要通过对话框架或话题领域的设定，来激发跨文化交际的话题、引导交际的方向和限制交际的范围。在日语教学中，语境构型也是不可忽视的一个方面。语言教学者需要设计与教材和学生实际生活经验相关的语境，以帮助学生理解和运用语言，提高语言表达能力。

译型配置是指在特定文化环境下形成的译文模式和技巧。在跨文化交际中，由于不同文化背景和语言习惯的存在，相同的表达方式可能会产生不同的语言效果。因此，在翻译过程中，需要根据目标语言的习惯和文化背景进行合适的调整和转换，使译文更符合目标文化的语言规范和交际习惯。在日语教学中，译型配置也是非常重要的一个方面。教学者需要教授学生如何根据不同的文化背景和语言环境选择合适的译型，从而使学生能够更好地理解和应用语言。

语境构型和译型配置在跨文化交际中的作用是互相关联的，它们之间的逻辑构建过程如下：了解语境和文化背景。首先，需要对语境和文化背景进行充分的了解和分析。这包括了解谈话的时间、地点、人物、情感、经验等方面，以确保对所要翻译的文本有全面的理解和把握。在了解语境的基础上，需要对源语言和目标语言的差异进行深入的分析和比较。这些差异包括语法、词汇、语用和文化因素等方面，而这些差异会直接影响翻译的效果和质量。

在进行日语翻译时，需要根据目标语言的习惯和文化背景进行适当的调整和转换，使译文更符合目标语言的表达习惯。这种调整和转换的过程，就是译型的配置过程。

译型的配置需要注意以下几点：

准确表达意思。译型需要准确表达源语言的意思，同时符合目标语言的表达习惯。

避免歧义。在翻译过程中，需要避免出现歧义的情况，避免因为语言差异产生误解或误导。

尊重原著。翻译过程中需要尊重原著，保持原著的风格和文化特色，避免过度加工或曲解原著的意思。

考虑受众。翻译的目的是让受众能够准确理解源语言的内容，因此在译型的配置过程中，需要考虑受众的文化背景和表达习惯，避免出现难以理解或难以接受的情况。

总之，在跨文化交际中，译型的配置是非常重要的，它不仅仅是一种语言转换的过程，更是一种文化传递的过程。在日语教学中，也需要充分考虑语境和文化背景的因素，注重译型的配置和应用，这样才能更好地促进跨文化交际的有效实现。

二、文化与译型

在全球化的时代，跨越不同国家和地区的文化交流变得越来越频繁和紧密。这种文化交流的背景下，翻译作为一项重要的文化传播手段变得越来越重要。

文艺作品始终是各种文化元素的总和。文化是人类社会在长期的生产和生活实践中形成的精神遗产，它离不开深厚的历史积淀，也体现着地域特色。文化又是国家的形象名片，是历史文化传承及精神演绎的抽象呈现。基于文化强国的战略部署，文化也逐渐成为了国家实力的一部分。由于地理环境、历史文化传承、政治制度、宗教信仰等因素的不同，不同国家和地区形成了各自独特的文化体系。在文化多样性的背景下，不同国家和地区的人们具有不同的思维方式、价值观、文化习俗和生活方式等。这些差异在翻译过程中可能会带来一定的难度。

译型是指在跨文化交际中，因文化差异而导致的表达方式、逻辑结构、语言风格、语言习惯等的差异。译型由文化差异而引起，它是在特定文化环境下形成的，是文化的体现之一。在跨文化翻译中，译型的考虑非常重要，因为在不同的文化环境中，相同的表达方式可能会产生不同的语言效果。因此，在翻译过程中，要考虑到源语言和目标语言的差异，综合目标语的表达要求和契合相应的文化背景，因此表达时需要适当地调整或转换。

在日语翻译中，文化与译型的应用非常重要。由于日本文化的独特性，日语中存在着许多与其他语言不同的表达方式和语言现象。在跨文化翻译中，需要翻译人员根据目标语言的特点、文化背景进行分析，做好一系列的翻译准备。这些不同的语言现象通常用来表示尊重和礼貌，在日本文化中也非常重要。在日语翻译中，必须理解源语言中使用敬语和谦虚语的意图和表达方式，并根据目标语言的文化背景和习惯来选择合适的译型。感叹词和语气词也是日语中常见的语言现象。这些词语通常用于表示情感和强调。在翻译过程中，必须准确理解这些感叹词和语气词的表达意图和表达方式，并选择合适的译型来确保译文表达的情感到位，确保翻译与源语言一致。另外，在日语中还存在许多特定的道德词和称呼语。这些词语通常用于表示人际关系和尊重等，也反映了日本文化中注重礼节和人际关系的传统习惯。在翻译过程中，必须考虑到这些道德词和称呼语的使用方式和意义，并根据目标语言的文化背景和习惯选择合适的译型。

文化与译型同日语有着密不可分的关系。只有充分理解和运用文化和译型的知识，才能确保翻译的准确性和流畅性。同时，在日语教学中，教师也应该注重文化和译型的教学，以帮助学生更好地掌握日语的语言技能和文化背景知识，进行流畅、得体地表达。

综上所述，语境构建和译型配置是日语教学中十分重要的环节。在跨文化交际中，语言和文化的差异是难以避免的，因此，在进行日语教学和翻译时，需要充分考虑不同文化背景和语境的综合影响，尤其是在涉及表达语境、文化含义和隐喻的时候更应该如此。

在日语教学中，通过培养学生对不同语境的理解和掌握，可以帮助他们更好地理解和使用日语语言，从而提高他们的语言交际能力。同时，在翻译过程中，对于不同的语境和文化背景，需要灵活调整和转换，以达到与原文意思相符合的译文效果。

语境构建和译型配置的逻辑构建需要不断的实践，并在实践中加以完善。只有通过不断的学习和实践，才能不断提高我们的跨文化交际能力和翻译水平，更好地实现语言和文化的交流与传播。

第五章　日语教学中跨文化语用失误的防范

中日文化交流日益频繁与深入，文化交流合作的领域不断扩大，交流与合作的深度提升，这也对日语跨文化教学提出了高要求，但在日语教学中却面临着跨文化语用失误的风险，需要引发社会性的关注。本章重点围绕日语教学中跨文化语用失误进行研究，分析了跨文化语用失误的成因分析、日语教学与中介语语用失误以及商务日语教学中学生语用能力的培养等内容，最后详细分析了教师语言的语用失误及解决策略。

第一节　语用失误概述

一、语用失误的界定

1983 年，英国语言学家珍妮·托马斯的论文在《应用语言学》发表。在这之后，我国学者已普遍接受了"Pragmatic Failure"的概念。可是，学界对这一概念的翻译和理解却不统一，本书中我们统一为"语用失误"的说法。

英国语言学家托马斯在解释语用失误时，将其解读为人们在人际交往的过程中没有达到完美交际效果的一些小差错。通俗意义上解释语用失误就是人们在言语交际的过程中，使用的句子形式上是正确的，但存在不合时宜的嫌疑，或者存在表达方式不妥，不符合日常习惯等倾向。说话人在不知不觉中违反了人际规范、社会规约，或者在交际时没有针对具体的对象，没有充分考虑交际对象的身份、地位、场合等，进行了不合时宜的表达，或者是使语言交际遇到了障碍，使得交际无法达到预期效果。

从上面对语用失误概念的界定可知：

（1）语用失误有广义和狭义之分。广义层面的语用失误指一切性的语言使用错误，涵盖的范围较广，其中有拼写错误、语法错误等。而狭义的语用失误是语用学学者研究的重点内容。一般聚焦语言使用的可接受性。语法是否正确，且不在狭义语用失误研究的范围内。

（2）语言运用的最高原则是规范得体，而出现语用失误的情况则是语言使用者违背了语言使用规范、得体的原则，疏忽了人际交往规范，在某种程度上忽视了社会文化背景对交际的影响而错误地表达。这种违反规范、忽略背景的行为可能是无意行为，也可能是有意为之。

国内学者引用建立托马斯的分类法，将语用失误划分为语言语用失误和社交语用失误两大类，其中语言语用失误比较好理解，具体指语言运用形式表达方面的一些错误。而社交语用失误，顾名思义就是因为缺乏对社交文化的理解，忽视了交际双方文化背景差异出现的语用失误问题。虽然两者有一定的划分界限，但也不乏交叉、重复的可能，因此两者的划分并不是绝对的。当语言使用的环境不同，原本的语言语用失误可能会转化为社交语用失误。但不管是哪种语用失误，都与跨文化交际联系在一起。跨文化交际活动也是语用失误出现最频繁的交际活动。

二、语用失误的研究方法

对于语用失误方法研究来说，在研究时应该调查、对比、分析多种研究方法综合使用，以对语用失误问题进行深入的探讨，在研究时先描写后解释。目前我们描写语用失误时也存在一定缺陷，而这又具有多重表现。如重视跨文化语用失误，语内语用失误常常处于边缘地位，再如多描写言语行为层面和词汇层面的语用失误，但语用失误的范围很大，出现的随机性较强。除了词汇方面、语法方面，还有语言行为方面、语调方面等，这些都是不容忽视的方面。

第二节　语用失误成因剖析

在中日文化交际的过程中，可能存在各种类型、不同程度的语用失误。一旦出现语用失误导致双方理解上的差异，或者是双方对结果感到反感或者表达的不适感。分析跨文化语用失误的产生因素十分必要，而这与两国特定的语言环境、文化背景、人们日常思维习惯、社交理念等息息相关。

一、中日语言结构的差异

任何一种语言都有自身的词汇句法结构，中文和日语属于不同的语言体系，自然有自身的词汇句法结构，并且相互区分。其中中文属于汉藏语系，是典型的孤立语结构。日语具有黏着语的特征。两者作为不同的语言体系，使得在以一方语言为母语的使用者看来，有时会很难理解另一种语言中的一些具体词句和表达方式。这种现象在即时口头对答中就显得比较突出，也是导致中日跨文化语用失误的关键因素。

二、文化背景与思维习惯的差异

我们知道在不同的家庭环境中成长起来的个体会表现出明显的个体差异，而这放在跨文化交际中同样如此。不同语言文化环境熏陶中成长起来的人必然存在文化认知上的分歧，上升到更高层面则是产生社交理念上的认知差异，导致他们在交际表达时问题较多，可以说基于不同文化背景和思维习惯形成的社交理念差异是导致人们交际困难、交际失误的主因。

虽然我国与日本同受儒家思想影响深远，在文化上有共享的交集。但两者在文化发展中却走向了不同的道路，导致中日文化背景和人们的思维习惯大为不同。如果在跨文化交际过程中无视文化差异，习惯性地以自我为中心，不会换位思考，很容易引发交际语用失误。以中日两国所对儒家"和为贵"思想的理解为例，虽然两国都围绕谦逊、礼让等树立了鲜明的价值观。但是对于"和"的理解，两国却有明显差异。我国所尊崇的"和"是指和气、和谐，倡导的是人与人之间的平衡，也就是说研究的出发点是个人。而日本所推崇的"和"则强调团结、融合，带有集体主义的鲜明色彩，因此，在交际过程中我国热衷于强调交际双方的对等。而日本人则基于集体观的考虑，会自觉压制个人想法和行为。这又有一些具体的表现。我国群众在乘坐公共交通工具时遇到熟人时会热情地攀谈，而日本人则是简单地打个招呼，这样就很容易让国人理解为日本人很冷淡，不喜欢友好地沟通。而在日本人看来，中国人又太善于打破安静，显得比较聒噪。再如，两国在暧昧语的使用上也有明显差异。两国在使用暧昧语时都为了表达一些不愿意直言的话。日本人在使用暧昧语时比较含蓄灵活，但中国人含蓄程度普遍较低。同样问"周末是否可以一起逛公园?"，如果确实想拒绝，日本人在表述时就比较含蓄，并没有明显的拒绝之意，中国人则喜欢直截了当地拒绝。

三、受文化定势和偏见的左右

我们所处的自然环境与社会环境都是极为复杂的。个体很难做到对世界上所有人、所有事的逐步地认知与体验。但人们喜欢将具有同等属性的人归纳在一起，形成特定的形象。这种形成特定的、简化的形象就是文化定势。在任何国家、任何民族当中，都有所谓的文化定势。一提到中国人，文化定势使得人们将谦虚、聪明、热情等词汇与国人形象联系在一起，当然也不缺乏负面形容词汇加身。因此，跨文化交际过程中不能忽略文化定势。虽然能借助特定标签实现认知的高效率转化，但固有标签表述比较静态，在表述时也常常以偏概全，且表述上有失客观性。中日两国都喜欢借鉴前人经验，这也使得他们国民心理有随波逐流的成分。中日两国对文化定势的确信程度普遍较高，也比较乐于套用文化定势。这就使得人们可能因为了解了对方相关的一些定势用语，就认为自己已经足够了解对方，在一定程度上忽略了其他的交际信息，或者将没有被交际对方个体所认可的文化定势标签不加思考地贴在他们的身上。这就很容易形成认知上的错误，或者是由不切实际的文化定势滋生偏见，引发跨文化交际中的语用失误。

第三节　日语商务专业学生语用能力培养

随着新世纪对外开放大门的打开及企业间合作程度的加深，我国越来越多的企业寻求对外发展支持。中日两国的商务活动日益频繁，商务合作也进入了新的阶段。这些贸易、市场上的变化使得国家必须重视语言的商务教学，我国也开始紧抓商务日语教学，强调学生语用能力的培养。这种跨文化沟通与商务活动的成功很大程度上是通过语言的交际得以实现的。那么，作为中日商务活动开展的辅助工具，日语教学自然备受关注。

一、商务语用能力的界定

语用学是专门研究人们在相应的言语环境下如何理解话语、表达话语的具体学科。它与社会文化、信仰、价值取向等因素相关联，强调语言使用者灵活使用语言能力的养成，是语用学研究到一定阶段的产物。著名的语言学家杰弗瑞·利奇在他的语用学理论中指出，语用能力可分为语用语言能力和社交语用能力两大类。其中前者以语法规则为基础，将语言组织成话语或篇章，而社交语用能力则是在特定的社会背景、文化知识下成功沟通的能力。目前语用学的基础理论研究还不够丰硕。如何在教学等具体实践中提高学习者的语用能力的研究更是少之又少。原因主要有以下三点：一是传统教学模式强调语言能力和交际能力的培养，充分体现言语行为的内容偏少。二是语用能力测试的体系匮乏，评分标准模糊。三是语言教育工作者也无法体验到真实动态的环境，用于动态教学的支持较少。

二、商务层面语言用研究概述

不同的语言学家在研究语用学的对象和范畴时给出的答案不同。其中社会认可度较高的观点是将语用学研究领域进行了三大类型的划分，分别对应形式语用学、描述语用学和应用语用学，其研究领域都有整套的理论原则和研究方法。语用学又有英美学派和欧洲大陆学派之分，前者划分范围比较严格，而后者强调语用学理解范围的广泛化，把语言的使用研究纳入包容相关内容的范畴中。关注与语言实际运用有关联的一系列非语言因素，也涉及语用上的微观调控措施。鉴于欧洲大陆学派对语用学的深入研究，我们以其为研究基础，进行商务语用学的研究。可以推测出，商务语用学属于交叉性学科，这就要求我们应从商务内涵视角洞察语用使用的本质。商务语用学属于综合性学科，不仅涉及外语一般语用特征，还包括特殊领域及商务的语用特征。商务语用学作为发展型学科，主要考察不同语境下的语言表达，教学目标应是学生掌握商务环境下的语言运用技巧，把握其文化意义。

三、日语商务专业学生语用能力培养缺陷

涉及跨文化的商务活动，因为商务工作者可能来自不同的领域，受不同文化环境的熏陶。在交际时习惯性地与自身原有的经验积累、文化背景知识积累、商务表达习惯积累等为依据，理解对方话语意义，可能会存在交际上的语用失误。因此，我国在组织商务日语教学时更强调学生脱离既定的自我认知局限，强调学生语用能力的培养。我国商务日语教学还处于探索阶段，在学生语用能力培养当中也存在一些不足。

（一）语用概念不够全面

关于商务日语定义、内涵及其功能定位的理论研究成果较少，仅有的研究成果也多局限于对语言特征、文体、教学模式的探讨。在研究时还没有做到从文化背景、商务交往环境等更高层面去挖掘语用的

深层含义，这也使得学生在语用理解方面产生认知偏差，也导致学生语言能力、商务活动能力突出，但跨文化交际能力较弱。学生在参与对日商务活动时，仅仅能流畅地交流表达，却没有很好地关注交往的文化差异，很容易出现双方沟通上的矛盾，导致商务谈判失败。跨文化交际的交际能力的培养质量会直接影响到语言能力与商务运务活动能力的培养。我们在教学及育人时应突出商务特色，将商务特色教学与学生跨文化交际能力培养结合起来。

（二）语用教学力度不够

商务日语教学与日语常规教学最大的不同是突出教学的实用性。要求学习者掌握商务活动的沟通小技巧，让商务谈判成功率更高。商务日语教学应落实在语言文化教学、商务知识讲授等具体的教学活动上，让学生受到潜移默化地熏陶与感染，逐渐提升商务日语语用意识，但受制于当前研究对商务日语语用概念解读不全面、不彻底。在商务日语语用教学中也有一些分歧。梳理现在出版并使用的教材，我们发现日语商务教学更侧重于学生办公用语的学习，关于商务文化知识的讲解课时占比较低。从教学模式上看，以学生为主体，但角色扮演、模拟体验、情景对话等实践演练程度不高。教师不能很好地利用这些工具检验学生语言运用的成果。在实际商务工作中，受母语、文化或习惯等干扰导致商务谈判失败的案例并不少。如 20 世纪 90 年代后期，日本对华投资热，我国各地开发区十分热情地欢迎日本投资者。不管是午饭还是晚饭都精心准备酒菜。但在日本文化里，午饭应当简吃。所以对于热情的中方准备的好酒好菜，他们认为极度铺张浪费，继而影响到投资意向。这也启示我们应全面认识把握商务日语语用概念。在日语商务教学中多增加中日文化及商务背景知识教学占比，提升学生跨文化学习意识。

（三）语用失误现象频繁

前面提到，语言学者托马斯将语用事物分为语用语言失误和社会语用失误两类，那么下面对这两类失误做具体阐述。

1. 语用语言失误

语用语言失误是指在交际过程中，由于语言使用者对语用规则的不熟悉或对语境、情境的不了解，造成的交际目的没有达成或引起误解的现象。它与语法、词汇等语言层面的错误不同，是一个更加复杂、更具有文化特色的错误类型。深入探讨语用语言失误的产生原因，我们一般将其归纳为三个方面：

第一，语言使用者缺乏对语用规则的了解。语用规则是指用语言进行交际时应当遵守的一系列准则，如礼貌原则、场合适当性、语境的影响等。如果语言使用者对这些规则不了解，就容易产生语言语用失误。

第二，语言使用者没有对语境进行充分的分析和理解。语境是指交际过程中的具体情境，包括时间、地点、参与者、主题等要素。如果语言使用者没有对语境进行充分的分析和理解，就很难正确理解对方的意图，也难以准确表达自己的意思。

第三，语言使用者缺乏对文化差异的认识。不同的文化背景会影响到交际过程中的语言使用，如果语言使用者没有对文化差异进行认识，就很难准确地理解对方的意图和表达自己的意思。

语用语言失误的类型有很多种，其中比较常见的包括：

第一，礼貌性语用失误。礼貌原则是指在交际过程中应当遵循的一种准则，包括恭敬、客气、尊重等。如果语言使用者没有遵循礼貌原则，就可能造成交际的障碍和误解。

第二，语用上下文失误。语言使用者没有置身特定的交际情境，没有及时地根据上下文的意思进行词义、句子的推测，从而出现一些表述上的不当。

2. 社会语用失误

社会语用失误（Sociopragmatic Errors）是指在社交交际场合中，由于个人的社交语用知识、社会文化背景等方面的差异，造成了交流中的误解或不适当的语言行为。这种失误通常不是由于语言学习上的缺陷，而是由于跨文化交际的障碍造成的。社会语用失误的产生往往会引起交际双方的不满或误解，进而影响交际效果和沟通进程和沟通结果。

社会语用失误在日常交际中时常发生，比如在用语方面的不当、礼貌用语不得当、称谓不妥等。在跨文化交际中，由于文化差异的存在，社会语用失误尤为突出。比如，在日本，人们在交往中会使用丰富的敬语，让表达更含蓄委婉，而在西方社交场合中，过分的礼貌语言可能被视为虚伪和不自然的表现。

社会语用失误在商务场合中也有一些具体表现，我们将这种失误称为社会商务型语用失误。商务交际中由于对商务语言和文化的不了解或理解不够，导致的语用上的错误或不当行为，从而使商务交流的失败或不顺畅。

随着全球化进程的不断加快，跨文化交际已成为商务活动中的重要环节，而语用失误则是跨文化交际中不可避免的问题。语用失误在商务活动中的影响往往不仅仅是语言交流上的问题，更可能导致商业合作的失败。因此，对于外语学习者来说，掌握跨文化交际和语用知识显得尤为重要。面对中日文化当中的差异，我们应坚持兼容并包的心态，多尊重、多理解。把握语言传递文化、以文化习得语言的基本学习规律，深入学习对日商务谈判技巧，并在实践中反复检验练习，逐渐提升学生语用能力。首先，借助语言桥梁传递文化知识。语言是文化的重要组成部分，语言中蕴涵着一种文化的价值观念和行为规范。因此，在语用教学中应该注重培养学生的跨文化交际能力，让学生了解和尊重不同文化之间的差异，从而在语言交流中避免语用失误。其次，以文化习得语言的得体运用。文化是语言的基础，只有了解文化，才能真正理解语言的使用和意义。在商务日语教学中，应该注重文化背景的讲解和引导，让学生掌握文化背景下的语言使用规范和习惯，从而避免语用失误。最后让教学落脚到学生对于商务谈判技巧的掌握上。

四、商务日语教学中学生语用能力培养的具体策略

（一）语境意识培养

在跨文化交际中，不同国家和地区的语境有所不同，如果在使用语言时没有正确理解和运用语境，就会造成语用失误，甚至引发误解和冲突。因此，提高语境意识的培养至关重要。

首先，学习者需要了解语境的概念和构成要素。语境是指语言表达时所处的情景和环境。语境的构成要素包括场景、共同知识、对话历史、身份关系等。学习者需要逐渐认识到这些构成要素的重要性，以便正确地理解和运用语境。

其次，学习者需要通过实践提高语境意识。在日常生活中，学习者应该不断观察和分析自己所处的语境，例如工作场所、商务活动、社交场合等，从而了解并把握不同语境的特点和要求。在语言学习中，学习者应该注重实践，尽可能地接触和使用各种语言材料，如阅读、听力、口语等，以便加深对语境的理解和应用。

再次，学习者需要注意语境与语言的相互关系。语境是语言理解和表达的基础，语言也是构成语境的重要组成部分。学习者应该认识到语言和语境是相互作用、相互影响，学习语言不仅要学习语言本身，还要学会在不同的语境中恰当地运用语言。在学习商务日语时，学习者需要了解和掌握与商务活动相关的语境，如商务礼仪、商务谈判、商务信函等，以便更好地应对实际情况。

最后，学习者需要注重文化差异对语境的影响。语境是由文化背景、社会习惯、价值观等多种因素构成的，不同文化之间的差异会影响到语境的理解和运用。在跨文化交际中，了解并尊重对方的文化背景和价值观是避免语用失误的关键。

（二）商境意识培养

商境意识是指在商务交际中，对于商务活动所处的环境、背景、目的、规则等方面的意识和认知。在商务交际中，语言交流不仅仅是

单纯的语言表达，而是需要对商境进行深入的理解和把握，才能达到良好的交流效果。因此，商境意识的培养对于提高商务人员的交际能力和商务交流的效率和准确性具有重要作用。

首先，商境意识的培养需要了解商务活动的环境和背景。商务活动发生的背景与环境往往决定了商务交流的目的和方式。例如，在日本，名片交换是非常重要的商务礼节，而在其他国家可能不那么重视，因此，在日本商务交流中，学生需要了解商务活动所处的国家、地区、行业以及各个阶层的文化背景，对商务活动有一个全面而深入的了解。

其次，商境意识的培养需要掌握商务交流的规则和方式。在商务交流中，有着一定的规则和方式，例如在日本商务活动中，礼仪和礼节非常重要，如果不了解这些规则和方式，就很容易犯错。此外，商务交流的方式也因国家和地区而异，例如在日本，商务交流的方式比较注重面子和尊重，而在美国，更注重效率和速度。因此，学生需要了解不同国家和地区的商务交流方式和规则，才能在商务交流中表现得得体和自信。

最后，商境意识的培养需要了解商务活动的目的和策略。商务交流的目的往往是达成共同的商务目标，而商务策略则是为了实现这一目标而采取的行动方案。因此，在商务交流中，需要根据不同的商务目标和策略采用不同的交流方式和沟通技巧。

商境意识的培养需要从多个方面入手，只有全面提高自身的知识、技能、意识和素质，才能更好地抓住商务环境中各种机遇，科学应对各种新挑战。

(三) 观察和模仿能力培养

观察和模仿是提高商务日语语用能力的重要途径之一。这种方法可以帮助学生熟悉商务日语的语用特点和表达方式，了解其在实际商务场景中的应用。在这个过程中，学生可以通过观察商务日语高手的表现，模仿他们的语言和行为，从而不断提高自己的语用能力。

对于商务日语语用能力的培养，学生可以通过阅读商务文献来扩充商务日语的词汇量和熟悉商务用语。例如，学生可以阅读大量商务报告、商务新闻、商务杂志等相关文献材料，通过积累商务日语的词汇和短语，进而学习和掌握商务日语的语用表达方式。

此外，观看商务谈判视频也是一种有效的方式，可以让学生深入了解商务谈判的交流方式和语用技巧。这种方法不仅可以帮助学生掌握商务日语的表达方式，还可以让他们更好地理解商务交流的背景和目的。

教师在课堂上也可以给学生分配商务交流的实例，让学生观察和模仿其中的语用表现。这些实例可以是商务谈判、商务会议、商务联络等实际场景，让学生在模拟中学习商务日语的实际应用，提高他们的语用能力。

另外，在观察和模仿的过程中，学生也需要注意商务日语的文化差异。差异在所难免，但差异的规避或者因为差异造成的理解歧义可以通过学生主观能动性的发挥加以克服。在学习商务日语的过程中，学生需要了解和掌握中日商务文化的差异，以避免由文化差异带来的语用失误。

（四）交际实践

交际实践是提高商务日语语用能力的重要途径之一，可以通过多种方式进行实践。以下是具体的操作建议：

参加商务活动：学生可以参加各种商务活动，如商务展览、研讨会、商务会议等，与日本商务人士进行交流。在这些活动中，学生可以使用商务日语与对方交流，了解对方的文化背景和商务惯例，积累实际的语用经验。

拜访日本公司：学生可以选择一些日本公司进行拜访，与日本商务人士进行面对面交流。在这些交流中，学生可以了解日本公司的企业文化、组织结构、产品特点等，同时也可以通过交流实践商务日语。

实践写作：商务日语的写作也是语用能力的一部分。例如，教师可以根据教学需要和学生语言表达实际，灵活地设计一些商务邮件的写作任务，让学生练习商务日语的书面表达能力。

通过各种交际实践的形式，学生可以积累实际的语用经验，提高商务日语的语用能力。教师也可以根据学生的需要和实际情况，灵活地设计交际实践的形式和内容，帮助学生更好地掌握商务日语的语用特点。

（五）课堂演练

课堂演练是商务日语教学中非常重要的一部分，它能够帮助学生更好地掌握商务日语语言技能，提高语用能力。下面将从设计课堂演练的方法方面展开说明。

设计合适的商务场景：教师可以根据商务实际情况，设计一些逼真的商务场景，例如商务会议、商务接待、商务电话沟通等，让学生在这些场景中学习和练习语言运用。

确定演练的目标和内容：教师应该根据学生的水平和实际需要，确定演练的目标和内容。例如，对于初学者，可以从商务问候语、商务用语、商务礼仪等方面进行演练；对于高级学生，可以从商务谈判、商务表达技巧、商务邮件撰写等方面进行演练。

组织演练的形式：目前用于组织演练的方式主要是小组探讨、角色演绎、情景模拟等。例如，可以让学生分组模拟商务谈判，每个小组成员扮演不同的角色，模拟真实的商务谈判情景，进行语言运用的反复练习。

提供反馈和指导：教师应该及时提供学生的演练表现反馈，加强对学生演练的科学指导，让学生知己知彼百战百胜。同时，教师还应该根据学生的实际需要，提供针对性的语言技巧和交际策略的指导。

（六）多媒体教学

随着现代技术的发展，多媒体教学已成为商务日语教育的重要手段之一，能够为学生提供更加真实、直观的语境和商境知识，促进学生的语用能力提高。

首先，多媒体教学可以提供丰富的语境信息，帮助学生理解词汇、句型的使用环境和场景，从而更好地掌握语言的语用功能。通过影像、声音等多媒体方式，可以向学生展示商务交流中的真实场景、行业情境等，让学生感受到真实的商业语境，并能够在模拟的语境中进行实战演练，更加深入地理解语言使用的背景和目的。

其次，多媒体教学可以提供丰富的商境信息，帮助学生了解商务交流中的文化差异、礼仪规范等，培养学生的跨文化交际能力。通过商务谈判、业务沟通等真实场景的模拟演练，学生能够了解和感受不同国家的商业文化和商务规则，增强在商业环境中表达的自信心。

最后，多媒体教学还可以提供学生与商务专业人士实时互动的机会，建立起与实际商业环境的联系，帮助学生深入了解商务专业领域的信息，把握趋势和变化，提升商务素养和洞察力。通过与商务专业人士的交流和讨论，学生能够了解到实际商业运营中的种种挑战和机遇，不断拓宽自身的商业视野和思维模式。

多媒体教学是商务日语教育中一种高效、直观的教学手段，通过模拟真实场景和商务环境，提供丰富的语境和商境信息，帮助学生更好地理解商务日语的语用功能和特点。教育者应该在教学过程中充分利用多媒体教学手段，为学生提供更加全面、丰富的商务日语语用知识和实践经验。

（七）反馈信息指导

综合来说，学生出现语用失误的频率较高，因此在跨文化交际教学时，教师应引导学生自觉的关注语用失误，并自觉的纠错。目前使用比较成熟的指导方法是有效获取学生的反馈信息，并利用这些信息使其反哺于跨文化教学。信息反馈包括疑难问题的反馈、作业完成情况的反馈，以及考试成绩反馈、学习练习方法反馈等。纠正语用失误最主要的依据是信息反馈。当我们获取到相关信息时，应进行科学归类归档。体现在教学实践中将不断提高学生语言日常运用的能力，使学生关注到可能出现的语言使用错误现象。在商务日语教学中反馈的信息非常多，教师应特别关注作业层面的反馈，以及现代化网络教学平台讨论版的反馈。

1. 作业反馈

作业反馈也包含多方面的内容。其中最为重要的是商务模拟谈判作业反馈。因为商务模拟谈判是一项综合性的训练活动，要求学生进行询价、报价、价格交涉、包装、付款、保险、交货、运输、索赔等环节的一一模拟，比较考验学生谈判、实战能力。从整体上看，作为中国商人，谈判技巧掌握到位，语言表达基本流畅，但作为对日谈判工作者，他们在商务文化交流能力方面又有些许欠缺。在一些情况下会遭到对方的质疑。

2. 讨论板信息反馈

要想提高学生的语用能力，必须加强学生语用知识的积累。而讨论版信息反馈容量较大，话题全面且内容有深度，需要教师重点关注。一般来说，讨论板信息反馈侧重于学生对教师建议、提问及一些问题的看法反馈，也包括学生在商务谈判学习过程中所见、所闻、所感，教师应利用好这些信息做好反馈工作，虽然讨论板信息反馈不够及时，互动效果也比较不理想，但教师和学生交流的时间比较充裕。教师在使用讨论板信息时应灵活，例如有些话题可以拿到课堂上用于即时讨论，保证课堂教学效果。因为这些话题主要侧重于学生的一些实习感受，学生对中日两国文化现象的理解。这些话题比较能活跃课堂气氛，拿到课堂上使用效果最好。

近几年中日商务活动正面临着前所未有的形势，活动类型增多，活动机会增多，活动规模扩大。这也使得社会的目光投向商务日语教学。鉴于商务日语教学实用性的学科特性，在教学中应落脚到学生语用能力的培养上，让学生学以致用、举一反三。传统的商务日语教学弊病也更为明显，过于偏重办公用语的讲解，使得日语教学浮于表面。随着我国企业对外开放程度加深，我们发现用语言记载的信息越来越广，表达也更为灵活与复杂，各类商务活动中已经被打上了社会、文化等烙印，成为左右商务谈判是否成功的关键。商务日语语用能力培养内容应迁移到学生利用多元文化知识解决商务谈判问题能力的培养上，强调学生商务专业知识、语言能力、跨文化交际能力的培养。从而达到培养对日商务活动能力的目的。

第四节　教师语言的语用失误及解决策略

一、教师语言的语用失误

（一）从教学技能的角度来分析教师语言的语用失误

教学技能是指教师基于教育理论学习基础，通过后天练习形成的用以支撑教学行为的技能系统。在教师群体中，也不乏部分教师因为语言水平层次较低、涉猎学习的文化知识较少，在语用表达及学生语用能力培养上显得能力不足。这也导致他们对文化教学带有抵触情绪。这恰恰是学生语用能力培养的大忌。在教学方面，教师要锤炼教学技能，在锤炼教学技能的过程中多关注语言的语用失误问题。在日语文化教学中严格要求自己，自觉地反思总结，及时地规避一些常见的语用失误。下面对教师教学中语用失误问题做了详细介绍。

1. 有悖合作原则的语用失误

"合作原则"的首次提出可以追溯到 1967 年语言学家格莱斯在哈佛大学的演讲上。他认为人们的人际交往会遵循着既定的原则。这一原则支配交际任务的达成，而这一原则就是合作原则。合作也有一些具体准则要求。（1）质的准则。具体而言，①不要说自知是虚假的话，②不要说缺乏足够证据的话。（2）量的准则。具体而言，①所说的话应该满足交际所需的信息量，②所说的话不应超出交际所需的信息量。（3）方式准则。说话要清楚、明了。具体而言，①避免晦涩，②避免歧义，③简练，④井井有条。很多教师不具备语用学的基本知识并不了解合作原则，以至于在授课过程中由于违反了合作原则出现种种语用失误问题。

（1）违反质的原则。

质的原则是指说话真实，用语谨慎，有证可查。在这一原则下，教师务必保证所说的话语真实可论证。切忌隐晦空泛，不切实际，不讲道理。也可以说质的原则是教师语言使用的第一要求，这也是规范化语言表达的首要体现。但是，在实际的教学实践中，很多日语教师却对此没有加以重视，导致问题层出不穷。具体问题如：①读音不准，②常识知识出现失误，③专业知识描述不准确，④语言不合逻辑。

（2）违反量的原则。

量的准则则要求教师所说的话包含的信息量应在学生可接受的范围内，信息量过大导致学生理解、记忆、消化有困难。信息量太少，又无法满足教学需要。站在语言经济学研究的层面看，无论是语言的投入还是语言表达的意思间都有对等的量价关系。这就是量的原则的基本要求。教师语言要避免一些特殊情况，如说话太少，让人难以理解透彻。如说话太多，重复语言太多，容易引发人们的反感。再如过于委婉与含蓄，绕着圈子说，用词模糊，让人听了又没有听懂。

很多日语教师在讲课时会有一些口头禅，如"对不对""行不行"等。还有些教师语言修养差，上课准备不充分，致使授课过程中出现空白，于是就下意识使用"这个、啊"等语气词。这些词语用多了，使得教学语言既不干净，又不利落，严重污染课堂语言，甚至可以把这些语言称为垃圾语言。而且，一些调皮的学生还会对这些口头禅进行模仿，导致教师威信力的下降。

还有些教师会对上课内容进行有意无意地重复。重复分为两种，一种是消极重复，另一种是积极重复。积极重复能引起学生对所学内容的关注，对所学内容起到强调作用，并强化学生记忆。当某个知识点非常重要时，应重复该知识点，让学生加以注意。有时学生回答问题声音太小不易听清，教师有意识重复一下，让其他学生听清，能取得好的答题效果。但是，尽管积极重复有其积极作用，也不宜使用频率过高，否则容易引起学生反感，反而起不到应有的作用。

消极重复是教师表述了很多，却依然没有抓住重点。教师在无意识状态下反反复复讲述，实质上这些重复是没有意义和价值的。如果教师一句话翻来覆去地说，不但耽误时间，且会影响课程的进度，使学生对课程失去了兴趣，难以打起学习的精神，还会引起学生的厌烦情绪，不利于学生养成良好的语言习惯。相反，教师言简意赅，内容安排得详略得当，重点突出，这样学生就会集中注意力，会收到较好的效果。一节课的教学时间是很短的，所以，教师要利用有限的时间，拒绝无意义的音符，让教学语言的运用恰到好处。

（3）违反相关原则造成离题万里。

违反相关原则造成讲课内容偏离授课主题。相关准则指说出的话必须要切中主题，不能偏离主题、论题，或者是讲一些与话题无关联的话。这就要求日语教师在讲课时必须紧紧抓住教材中的关键内容，使用简练的语言将重点内容讲解清楚，切记漫天撒网，范围过大。这样不但会导致学生无法理解，还会分散学生的课堂注意力。在当前的日语教学中，很多教师也存在这样的认知误区，总想给学生多一些启发、多一些补充，让学生开拓视野，增加阅读学习积累。但是在选择素材时却因为盲目选择而导致素材选择不当，让讲课内容偏离教学主线或者正轨。这样不但导致学生无法汲取理解新知识，还产生学习的困惑和迷茫。其实这也是教师语言使用不规范的体现。说话没有及时点题，无关内容讲解过多，导致学生学习兴趣明显降低，学习积极性减弱。

（4）违反方式原则。

违反方式原则造成含混和歧义等。方式准则指说话比较清楚、比较明白，教师表达时比较简洁有条理，避免出现含混其词的情况。教师在上课时要先明确一节课先讲什么，再讲什么，教师必须做到心中有数，这样在讲解的过程中才能条理清晰，说话明明白白。

日语教师逻辑严密的语言，常常能在学生的记忆之屏上留下难忘的印象。在课堂上，任何出自教师之口的含糊不清、模棱两可的话，就会造成学生认识上的差错和思维上的混乱。尤其是教师在遇到不懂的问题时，切记不能不懂装懂。在信息技术日新月异的今天，教师有些问题不明白是很正常的事情，关键是教师以什么样的心态面对。如果教师能虚心向学生请教，这不但不会降低教师在学生心目中的威信，反而会使教师显得平易近人，使学生更加亲近教师，教学效果也会更好。

在我国著名的教育学著作《学记》中，对教师教学语言修养也做了具体说明。"约而达""微而藏""罕譬而喻"，即教学语言必须准确、精炼。所谓准确，要做到发音标准、遣词造句得当、观点明确、语义清晰。所谓精炼就是指用语的简洁干练，强调用最少的话、最精准的表述传递最丰富的内容。教师的语言要做到论述简明扼要，表达入木三分，见解深刻独到。教师必须精心设计、反复锤炼自己的语言，让自己的语言成为滋润学生心田的无声细雨。

2. 不重视第二语言导致语用失误

在课堂教学中，日语教师运用了两种语言：课堂中教师的讲话、泛读、师生间的对话，是一种有声语言；教师的举手投足间，眼神传达、手势运用都是教师无声的语言表达，我们将其统称为体态语言，或者是教学第二语言。这种无声语言需要引起极大的关注。体态语言包含很多方面的内容，如目光交流方面，教师在讲课时需要借助眼神与学生有效沟通交流。再如肢体语言，教师教学中需要借助一些具体的动作进行阐述与表达，帮助学生更好地理解自己所阐述的内容。再如表情语言，教师在课堂教学中必须要有丰富的表情。此外，活动覆盖范围也是一种无声语言，具体指教师讲课时身体活动的幅度及对应的空间范围。体态语言是教师与学生进行信息交流的一种方式，可以强化有声语言，对有声语言讲述的内容加以强化和补充，使有声语言更具有感染力。同时能唤起学生的注意，让学生更加投入到课堂中去，使学生对所学的知识理解更加深刻，对课堂内容的记忆更加牢固。

在教学中，一部分教师已经意识到体态语言的意义，并在授课中灵活运用。这些教师比较好的做法主要有：（1）教师讲课时，用目光与学生交流，通过交流了解学生对所授知识的掌握程度，以及学生的学习态度和学习情绪，眼神要关注每个学生，使坐在角落里的学生都能感受到教师在看我；（2）请学生站起来回答问题时，教师亲切和蔼地注视他，用热切的目光期待学生的回答；（3）学生回答问题时，教师投去赞赏的微笑，用微笑消除学生的紧张情绪，回答不出时，也给学生一个鼓励的眼神；（4）有学生做小动作、说小话时，会用眼神制止，或者走向他，使学生自己意识到错误，这样既不影响其他学生听课，又纠正了学生的错误；（5）讲课时，走下讲台，走到学生中间，这样能使学生感到亲切，更好地和学生融为一体，在走近学生时，可以伴随轻轻拍学生的肩膀，抚摸一下学生的头，或者轻触学生的背，给予学生相应的安慰，给予他们鼓励和激励；（6）在讲课时，根据授课内容选择恰当的动作。

但是，我们还应该看到，在体态语言的运用上，还有很多不尽如人意的地方。在实际授课的过程中，很多教师并没有充分的利用体态语言进行高效教学，这是因为他们没有真正意识到体态语言的重要。教师群体中能够准确、灵活运用体态语言的只占了很小的比例。大多数教师都是偶尔会用，或者根本不用。

教师在体态语言方面出现的问题主要有：（1）有的教师不看学生，避开学生的目光，有时看天花板，有时望向窗外，给人一种高傲、目中无人的感觉；（2）学生长时间答不出问题时，他们会觉得尴尬。而此时如果教师再给予学生轻蔑、冷漠的眼神，对于学生来说将是双重的打击；（3）有的教师讲课时摊开两手撑着讲台，自始至终姿势不变；（4）有的教师一只手拿着教案或者书，另一只手不知放在哪，只好四肢僵硬地站在讲台上；（5）有的教师过于频繁的在教室内走动，分散学生的注意力；（6）有的教师警告个别不听话的学生时，会向学生扔粉笔头，或者敲击讲桌、黑板，从而破坏教学氛围。所以，在运用体态语言时，教师一定要自然、得体，否则会事与愿违，起到反面效果，破坏教师在学生心目中的形象。

（二）从教学情感角度来分析教师语言语用失误

日语教师的语言应该充满感情色彩，因为师生之间的交流不仅仅是知识的交流，还要有心灵的交流，只有这样，才能拨动学生的心弦，让他们进行知识的探索。亲其师，方能信其道。教育是无私奉献的高尚事业，教师必须拥有高尚的师德师魂，心中装满爱，才能传播爱，撒播爱。教师必须主动感染、引导学生。用自己的人格魅力和情感魅力吸引学生，获得良好的教育效果。

有悖礼貌原则的语用失误：中国历来就是礼仪之邦。在中国人看来，礼貌是一个人为人处事的根本，也是人所以为人的一个标准。礼貌是人与人在接触交往过程中，相互表示敬重和友好的行为规范，是文明行为最起码的要求。这是从中国传统的儒家思想的角度说的。就礼貌原则而言，礼貌原则是为了对合作原则进行完善和补充，而由利奇首先提出来的，他仿照格赖斯划分合作原则的范畴，把礼貌原则具体划分为六类，每一类对应具体的准则。

（1）得体准则：减少表达有损于他人的观点。①尽量少让别人吃亏；②尽量多使别人得益。

（2）宽容准则：减少表达利己的观点。①尽量少使自己得益；②尽量多让自己吃亏。

（3）赞誉准则：减少表达对他人的贬损。①尽量少贬低别人；②尽量多赞誉别人。

（4）谦逊准则：减少对自己的表扬。①尽量少赞誉自己；②尽量多贬低自己。

（5）一致准则：减少自己与别人在观点上的不一致。①尽量减少双方的分歧；②尽量增加双方的一致。

（6）同情准则：减少自己与他人在感情上的对立。①尽量减少双方的反感；②尽量增加双方的同情。

这六条准则告诉人们，在交际时，人们要多从对方的角度考虑问题，多让对方得益，多把好处让给对方，以维持良好的人际关系。师生关系是一种特殊的人际关系，这六条准则也同样适用，教师和学生都应该共同遵守。但是，我国有大量教师或轻或重地违反了礼貌原则，给学生造成了极其严重的影响。

（1）违反得体准则。表现为教师语言最大限度地使学生受损，最小限度地使学生得益。

（2）违反宽容准则。表现为教师使自己最大程度受益，最小限度受损。

（3）违反赞誉准则。表现为教师语言最大限度地贬低学生；最小限度地赞誉学生。

（4）违反谦逊准则。表现为教师语言最大限度地赞誉自己；最小限度地贬低自己。

（5）违反一致准则。表现为教师语言使师生双方的分歧增至最大限度从心理上拉开了师生的距离。

（6）违反同情准则。表现为教师语言使师生双方的反感增至最大限度；使师生双方的同情减至最小限度。

以上都是言语上违反礼貌原则造成的语用失误，除此之外，还有一点必须引起注意，就是动作上的违反礼貌原则。有些日语教师会在不经意间做出一些不礼貌的态势语，比如，用手指对着学生大声训斥，对学生横眉怒目，指手画脚等。总之，日语教师的语言是一种影响学生心灵的工具。教育讲究艺术性，而教育的艺术首先体现在说话的艺术上，说话的艺术又是同人心交流的艺术。教师语言运用得当，语言就成为沟通师生心灵的桥梁；运用失当，语言则成为师生沟通的"拦路虎"。当然，教师也是人，他们生活中难免有情绪波动的时候，但作为教书育人者，教师还是应该尽量控制自己的情绪，履行好自己的职责。

二、教师语言语用失误的解决策略

（一）从教师个人技能的角度分析策略

从教师个人技能的角度分析，教师应加强自身职业素养，再对学生进行教育。

1. 思想上加强对课堂语言重要性的认识

目前，我国大多数日语教师并没有充分意识到课堂语言教学对教学目标达成、教学效果好坏的直接影响。没有充分利用课堂教学语言让教学锦上添花。部分教师课堂语言使用随意性非常大，平时又忽视个人语言的改善，只靠着以前的一些积累应付课堂教学。这种现象实在令人忧虑。教师应首先从思想上强化认识，认识到教学语言的重要性，这是其他一切措施得以实施的前提。

2. 教师注意积累，建立自己的语言库

首先，日语教师在授课之余要勤于读书。可从古今中外文化中吸取语言精华，从文学作品中吸收语言营养，从戏剧、电影、绘画、音乐等各门艺术中学习语言知识。教师不但要成为专家，还要成为博采众长的"杂家"。教师的知识结构应该是既专业又博览群书，是博与专的完美结合，二者相互联系，相互促进，共同发展。

其次，随着时代的发展，各种时尚语言也是层出不穷。比如网络语言"卖萌""元芳你怎么看"等。学生的思维是极其活跃的，对于时尚语言，他们能很快接受，并予以运用。日语教师应该不落伍于这个时代，同时贴近学生心灵，融入学生的世界，了解掌握这些语言。

最后，在看到有用的知识、素材时，要记在笔记本或者卡片上，以便记忆和查阅。也就是说，日语教师要建立自己的语言库，拥有自己取之不尽、用之不竭的语言资源。

只有在平时积累了大量的素材，具备了广博的知识底蕴，有丰富的文化知识做后盾，才能有驾驭语言的能力，厚积薄发，需用时信手拈来，运用得恰到好处；才能结合教学内容，根据课堂情境的需要，插入一些发人深省的小故事，一些具有哲理的典故、格言等；才能在讲课的过程中旁征博引让课堂丰富多彩，富有知识性、趣味性，从而取得良好的表达效果，使学生能从教师的讲授中，获得知识的洗礼和情感的熏陶。此外，教师本身孜孜不倦地读书对学生来说也是一个很好的熏陶和感染。

3. 教师进行自我反思，善于在教学中总结

教学反思的过程就是一个教师不断发现问题、分析问题、解决问题的过程，是教师发展自己能力的重要途径。优秀教师＝教学过程＋

反思，由此可见，要想成为一名优秀的教师，必须注重对自己的授课内容进行及时的反思，具有反思意识。具体来说，日语教师应着手几个方面做更多的尝试与努力。

第一，教师上完课后及时对教学过程进行回顾，记下对课堂发生影响的事件，不同学生对课堂的不同反应和态度，将体会写在教案上，促使教学过程不断优化，改进教学过程，提高教学水平。教师在授课后也可以与学科组其他教师一起探讨，及时分享日语教学经验，做到优质日语教学资料的共享。如分享日语教学的课件，剖析日语教学中的共性问题，做到"它山之石，可以攻玉"。

第二，与学生畅谈交流，征询其对教学改进的中肯建议。至圣先师孔子千年前就提出了"不耻下问""三人行，必有我师"的观点，作为新时代的教育工作者，教师更应该放下自己所谓的师道尊严，与学生真诚交流，打成一片，获得第一手教学材料，来实现自我更新，自我完善。例如在日语教学课后，教师应参考日语课程授课情况，了解学生消化吸收情况，做好学生学习的跟踪反馈。教师除了自我反思教学得失，更要站在学生层面，了解学生学习中的困惑，以平等友好的姿态及时与学生沟通，及时解决学生日语学习中的疑难点。当然教师在与学生交流的过程中，也可以就学生日语学习的新发现，及时弥补教学某方面的空白，根据学生提供的线索进行拓展学习，做到要想给学生一杯水，自己先有一桶水。日语教学内容不应该局限于课本，教师必须常反思、常总结、不断进步。

第三，教师可用录音设备对自己的课堂教学进行录音，课下反复听找出自己在语言方面的问题和不足。俗话说"旁观者清，当局者迷"，日语教师在授课后及时对照自己的课前教学设计，重现自己的课堂教学过程录像，以旁观者的身份来审视它，就可以清晰地分析自己的课堂教学过程中存在的优点与不足。教师还可以借助日语教学录像，随时随地可以将自己不同时期的教学录像对比播放，进行研究与反思，可以很容易发现原来存在的诸多问题。

第四，有时，自己的问题自己很难发觉，可以让同事多听课，帮助自己指出缺点，和同事进行合作学习，合作研究，加强交流。日语教师应重视他人的点评，因为自己授课的过程中精力有限，可能一些细节性的教学细节处理得不好，听取他人的意见或者看他人的听课记录，可以让自己更及时地规避问题。

第五，还要多听别的教师尤其是优秀教师的课，多进行对比反思。越是优秀的教师，其课堂语言就越有可取之处，把别人讲课中好的地方记录下来，溶于自己的教学实践中，看看自己有哪些不足，发现之后，要坚决改正。总之博采众家之长，为我所用。

4. 精心锤炼课堂语言

日语教师在备课时不仅要备授课内容，更要备语言。教师尤其是刚参加工作的青年教师，最好把上课时用到的所有话语写在备课本上，然后反复琢磨，要使自己的教学语言杜绝走题，避免晦涩、歧义、啰嗦、似是而非等现象，争取用最精当、简约的语言让学生拨云见日，在愉悦中获取知识。

5. 教师加强培训，积极参加职业培训

职业培训对教师的发展至关重要，日语教师应秉承终身教育的原则，积极参加各项培训，努力发展自己。为此，教师要不断积累语言，锤炼语言，成为一名语言达人。

（二）从教学情感的角度分析的策略

1. 教师在教学中倾注真情

教师的爱心是架起师生间信任的桥梁，是教师必须具备的一种道德情感。唯有爱和宽容，才能赢得学生的信赖和尊重，使学生乐于接受教师传授的知识。只有对所教对象倾注满腔热情，教学语言才能具有生命力，才能打动学生的心，产生良好的教学效果。日语教学本身带有枯燥性，如果教师只是扮演好知识传递的角色，教学时缺乏形象生动的肢体动作，缺乏春风化雨的鼓励言语，很容易让课堂变得冷冰冰。学生自然无法对日语课程或者对教师本人产生认同感，因此真情的倾注必不可少。教师在教学中也要关注学生的情感需求，特别是当

学生犯错误的时候。

学生犯错误并不可怕，可怕的是让学生在犯错误的过程中不能明确自身的薄弱点，不能有针对性地改进，出现在一个地方跌倒两次或者多次的问题。教师在平时的教学中要怀着一颗宽容之心，对犯错误的学生要及时指出缺点，促其改正，在批评他们时，控制自己的情绪，就事论事，不能因自己一时的情绪而使用偏激和激烈的语言，造成无法弥补的遗憾。好孩子是夸出来的，教师在平时不能吝惜自己赞赏的语言，及时发现学生的进步，对学生哪怕一点点的进步也要加以肯定。

2. 调节好自己的心理状态，让自己保持一个健康的心理

教师在课堂上应时刻保持良好的心理情绪状态，对应积极愉悦的情感表达，让自己的语言富有感染力、吸引力，给学生以亲切感。教师要撒播阳光到别人的心中，自己首先要充满阳光，做一个积极阳光的人。教师务必心理健康，有合理的心理容量。不要戴着有色眼镜看学生，要学会容忍学生的无知，宽容学生的过错，甚至包容学生主动的"挑衅"。教师要情绪稳定，不要太过感情用事，要善于将思考的快乐传递给学生。教师还要时刻保持乐观的精神状态，以饱满的情绪引导学生学习。

（三）从教育管理部门的角度分析的策略

从教育管理部门来说，各级管理部门切实发挥应有的作用，负起应有的责任。

1. 组织教师职业培训

社会各界应给予教师职业培训的多元支持。多元的社会主体共同努力，应专门针对日语教师进行的培训活动，旨在提高日语教师的教学水平和教育教学能力，使其更好地开展日语教育工作。可通过以下方式进行培养：

专业培训班：由专业机构或高校提供的专业培训班，通常有资深的教育专家和语言学者担任讲师，授课内容包括日语语言知识、语言教学方法、教材编写和教学设计等。

线上学习：线上学习可以灵活安排学习时间和地点，同时可以通过网络平台进行课程学习、交流和讨论，获取最新的教育教学资源和信息。

师资培训：由学校、教育局或语言培训机构组织专门的师资培训活动，主要包括讲座、研讨会、教学观摩、教学实践等。师资培训通常有丰富的教学实践经验的教师和专业教育家进行指导，能够提供实践性强的教学经验。

学习交流：参加学术研讨会、教育交流会和国际教育交流项目等活动，可以向国内外的优秀教育者和专家学习教学方法、教材编写和课程设计等方面的经验，提高自己的教学水平和国际化视野。

自主学习：日语教师可以自主进行日语学习和教育教学理论学习，通过阅读专业书籍、参加学术研讨会、研究日本教育教学模式和方法等方式，不断提高自己的专业能力和教学水平。

2. 开展竞赛评比活动

日语教师作为日语教育的中坚力量，其教学能力和教学水平直接影响着学生的学习效果和日语教育的质量。竞赛评比活动可以是多种形式，比如教师技能大赛、优质示范课大赛、教学案例分享比赛等。这些活动不仅可以让教师充分展示自己，也能够在语言上进一步提升自己。在竞赛评比活动中，教师可以获得多种益处。首先，参加竞赛评比活动可以促使教师重视自身的教学水平和教学能力的提升，激发教师的教学热情和教学创新意识。其次，活动也能够提高教师的竞争意识，促进教师之间的相互学习和交流，推动日语教育事业的健康发展。最后，获得竞赛奖项或荣誉可以进一步增强教师的自信心和教学声望。

3. 关注教师心理问题

关注日语教师的心理健康，定期为教师开展专门的心理讲座，让教师掌握一些心理卫生和心理保健方面的知识；组织教师接受专门的心理健康诊断，让教师及时地了解自己的心理健康状态；社会各界为教师执教创造良好的环境，维护教师权益，对教师的工作多一些理解和支持；要营造尊师重教的良好文化氛围，形成积极的社会舆论，使得教师在良好的教育氛围中积极改进自己的教学语言。

著名的教育学家洛克提出了"白板"说。基于该原则，他也发出了著名的教育论断"教育上犯的错误比别的错误更不可侵犯"。这是因为学生就像白板一样，如果教师使用错误的语言或传递了错误的思想，就如同在白板上留下了污点，会对学生产生不可磨灭的影响。因此教师必须不断优化教学，其中就包括语用失误的纠正。

有一些语用失误，短期内就能得到改善，比如，有些教师说话声音比较小，或者语速比较快，那么他们在讲课过程中要不断提醒自己，放大音量或者放慢语速，时间长了这些情况就会得到改善。但是，有一些语用失误则必须经过长期的努力。例如教师要灵活地使用肢体语言，需要先学习常见的肢体语言，然后了解他们对应的不同的使用语境，在实践中加以演练，然后及时地发现不足，及时地记录、总结与反思。这一过程是比较漫长的。很多教师就是因为短时间内不能取得立竿见影的效果，因此他们就以忙碌、没有时间为借口就不去努力尝试。另外，教师课堂语言经过矫正之后，初期可能效果较好，但是极有可能出现反复的现象。日语教师必须具备长期作战的心态，做好攻坚克难的准备，绝不向暂时的困难妥协。只有在教学中反复地锤炼，才能成为合格的语言教学工作者。

第六章　跨文化视域下的日语教学研究

第一节　跨文化视域下的日语教学内容研究

一、日语听力教学内容分析

日语听力教学是跨文化日语教学不可或缺的成分之一，在跨文化日语交际人才培养过程中发挥着重要的作用。接下来，将对日语听力教学的内容进行探究，进一步明确日语听力教学的发展方向。从跨文化日语教学实践来看，日语听力由知识、技能与理解三个层面的教学内容组成。

（一）听力知识

顾名思义，日语听力学习过程中运用到的日语基础知识，就是听力知识，它也是培育与优化听力技能的前提，具体包含文化知识、原则与方法知识、语用知识、语音知识等。

其中，最为关键的是语音知识传授，也就是通常所说的语音教学。它包含了日语音调、语速、意群、连读、重读、发音等方面的训练。因此，具体的语音训练内容不仅包含单个句或词的训练，也涵盖了整篇文章或段落的训练。高效的语音教学，能够帮助日语学习者掌握基本的日语表达节奏与习惯。因此，这一部分的内容，也经常被作为日语听力的基础内容进行教学。

除了语音知识教学外，日语听力教学中还包含了具体的文化知识传授、原则与方法知识讲述与语用知识传输，学习相关知识能够帮助学习者真正理解日语对话的内容，提高其日语听力水平，为进行跨文化交际打下结实的倾听基础。

(二) 听力技能

在日语学习者掌握一定的听力基础知识后，教师便会进行听力技能传授。而开展听力技能教学，主要是为了优化日语听力学习的针对性与科学性，依靠科学高效的听说技能，顺利完成跨文化日语听力学习。

日语听力技能由辨音能力、交际信息辨别能力、对话文本大意理解能力、对话细节理解能力、选择注意力、记笔记技能等内容构成。

其中，选择注意力更多指的是日语学习者的信息提取能力，指能够根据听力内容找出对话中的重点信息。此外，记笔记技能通常被作为一种辅助性的听力技能存在于日语听力学习之中。

(三) 听力理解

在日语听力学习中，日语听力理解是学习的最终目的，以上的日语听力知识与听力技能学习，都服务于听力理解。对跨文化交际日语来说，交际者与使用目的的差异性，会引发语用含义的差别。如何正确理解不同场合中的日语听力内容，已经成为了优化日语听力教学成效的关键之处。在培养日语学习者听力理解素养时，教师不仅要关注字面意义理解上的教学，还要侧重于开展对话隐含意义的教学。

日语学习者要具备良好的听力理解，需要经过以下几个阶段：一为辨认阶段，要求学习者掌握基本的日语对话符号、信息与语音方面的辨认能力；二为分析阶段，处于这一阶段的学习者能够利用图表化的方式，去分析对话内容，并进行相应的句型或短语辨别，加深对谈话内容的理解；三为重组阶段，这是一个将所听内容内化为自主语言进行输出的过程，十分讲究听说结合；四为评价阶段，要求学习者能对所听内容进行难度与理解上的评价；五为应用阶段，要求学生将所听内容内化为自身的知识储备，并在具体的日语交际中加以运用。

听力学习是学习者接收日语信息的重要阶段。同时，听力也是一个非常重要的语言技能，是学习日语运用的重要前提。从跨文化日语交际视角来看，只有学生掌握基础的听力技能，才能认清对话者所传达的信息，才有可能将交际顺畅进行下去。当然，日语听力学习往往是循序渐进的，很难一蹴而就，需要日语教学者通过反复训练与传输，帮助日语学习者掌握基础的听力知识，学会各种听力技能的运用技巧，最终形成良好的听力理解。

二、日语口语教学内容分析

在跨文化日语教学中，日语口语教学是培养与提高日语学生口头交际能力的有效途径。一般来说，日语口语由会话技巧、语法与词汇表述、语音训练等内容组成。

（一）语音训练

在口语教学中进行语音训练，主要是为了帮助日语学习者掌握正确的日语语调与语音表达。具体而言，语音训练包含：语句停顿、口语意群、连读、弱读与重读、音节等具体的训练板块。只有掌握正确的语调与发音，才能在日语交际中完成清晰正确的表达。此外，语调上的差异，也会带来语句意义的差异，因此正确运用语调十分重要。

（二）口语体词汇与语法

具备良好的口语体词汇与语法储备，是得体化、准确化日语表述的基础。教师在进行口语教学时，要着重讲述不同词汇的真正内涵，让学生具备必要的词汇运用能力。同时，还要注重口语语法的教学，让学生言之有物、条理清晰地进行表述。

（三）会话技巧

语言学习是以交际交流为目的的，要进行高效的语言交流，需要具备必不可少的会话技巧。例如：

（1）解释。解释是指当听者不能明白自己的意思时，或说话者找不到相对应的表达方式时，转换说话方式，运用同义词或其他解释性语言，进行补充说明。

（2）回避。回避是指当说话者遇到有表达困难的话语时，选择自己熟悉的表述方式。回避自己生疏的词汇和表达方式，以保证口语交流的顺利进行。

（3）转码。转码是指当说话者遇到无法解释的话语又不能回避时，适当转用其他语言，比如自己的母语。

（4）析疑。当听者未听清对方的意思，听者可采用多种方式进行询问，使会话得以继续进行。析疑技巧是防止会话中断的必要手段。

以上这几个阶段是一个循序渐进的过程。任何级别的日语口语学习都必须经历由辨认到分析再到应用的一系列过程，然后才能逐步得到提高。

（四）让学生了解日语口语的特征

口语有其自身的语法和词汇。例如，在口语语篇中，当谈话内容涉及听者的时候，疑问句通常省略主语和辅助动词。口语中常见的词汇模式是重复单词、使用同义词、反义词等，了解口语的特征有利于提高学生说的得体性。

三、日语阅读教学内容概述

日语阅读学习，对于学习者来说是一种无声的交际活动，也是学习者主动进行语言思维训练、获取日语知识、了解日本社会文化背景的过程。

目前，在整个跨文化日语教学中阅读教学占据了 1/3 的时间，是极其重要的日语学习内容。对高校日语教学来说，阅读教学也是帮助日语学习者灵活运用日语知识的重要平台，能够带动学生日语表达理解能力的持续提升。在日语教学中，阅读教学有着非常重要的地位。这些重要性主要体现在以下几个方面。

（一）获取信息的主要手段

在跨文化日语教学中，阅读是非常重要的信息获取途径，也是中国高校日语教学的重要方向，占据着日语教学的核心地位。语言信息传播的途径有两种，一种为书面传播，另一种为口头传播。通过书面阅读，据与学习者可以获取更综合、更精确、更复杂的日语信息。因此，开展日语阅读教学，能够有效提高学习者的日语信息获取能力、分析能力、理解能力与表达能力。

（二）提高语言行为与能力的重要基础

要提高日语学习者的听力水平、口语水平与书写能力，就需要先优化其阅读能力，阅读能力也被作为听、说、写能力的来源。通过日语阅读教学，学习者能够有效提高其语言行为能力。

（三）语言知识的积累与文化知识导入过程

在跨文化日语学习中，阅读活动实际上也是一个语言知识持续累积的过程。通过零散化、持续化、对比化的阅读教学，学生可以充分认知到日语发展社会背景、认知日语文化内容、识别常见的日语用法。此外，阅读也是一个很好的日语教学导入方式，通过阅读日语文化或日语语言相关文章，可以帮助学生拓宽日语学习视野，优化日语综合素养。

（四）一种至关重要的交际手段

阅读不仅是一个知识输入的过程，也是阅读者与学生之间的思想交流过程。通过多元的日语阅读，可以帮助学生深刻体会不同日语学生做传达的创作理念、文化内容与交际信息，让日语学习者站在巨人的肩膀上眺望得更高，同时通过大量的日语阅读，还可以有效优化学生的日语文化素养。

四、日语写作教学内容分析

日语学习中的写作教学，是帮助学生完成书面语言输出的过程，也是帮助学生运用文字符号进行信息传递与交际的重要方式。目前，日语写作教学主要包含两种模式，即文章写作、句式写作。

（一）句式写作

这种写作形式，也被称为遣词造句，是文章写作的前提。在日语学习初期，学习者所进行的写作活动以句式写作为主。相较于整篇文章的写作，句式写作并不需要考虑文本思想内容，也不需要将具体的社会语境因素融入进去，只要符合日文语法要求、能够正确运用词汇组成短语或句子就可以了。因此，句式写作在日文教学中通常被作为一种常见的语言练习方式，运用语言与技能培养的过程之中。

句式写作有一定的层次划分，其教学层次也不是一成不变的。在写作初期，教师会要求学生进行简单的替换性造句，让学生运用同义词、反义词与近义词等完成词汇替换。到了写作学习后期，造句练习就不再是单一化的词汇练习，还会加入中国籍的自由造句，这要求学习者具备良好的日语语法基础，能够将题目所给的要求转换为精确的句式，也就是通常所说的自由造句。

日语学习中的书面造句与口头造句有很大的区别。后者主要依靠发音器官来打成语言输出，学习者发音的质量、语言反应速度往往是决定造句效果的重要因素。在这个过程中，学习者是没有办法运用辅助性工具进行造句查询或完善的。而在书面造句中，学习者是有时间进行造句查询与矫正的，日语教师要有效区分这两种教具的教学目的，为书面造句设置更高的写作要求，要求学生更加注重句子的语法结构、选词用词等内容。在书面造句中，还要鼓励学生运用多种多样的造句查询工具，完善句式内容，让句式更符合语法规定，更流畅完整，也更加契合造句要求。

（二）文章写作

在日文写作中，最常见的就是文章写作。这种写作方式，往往需要学生具备良好的日语学习基础，具备优异的造句能力，才有可能连词成句、连句成篇地完成整篇文章的写作。文章写作教学目的，是培育日语学习者的笔语能力。日语文章写作具备以下特征：

其一，文章写作只能依靠纯粹的日文文字与标点符号来进行思想传达，文章批阅与写作并不是同时发生的，也无法预支文章读者具体的读后反应，很难生成即时性的反馈。这虽然加大了文章写作思想表述的难度，从学习者具备精确表达自身观点的能力。但是，这也为写作留下了充足的考虑与修改时间，写作者可以通过反复的考量，选取最恰当的措辞进行语言表述，还可以反复查看是否有语用错误，及时对写作内容进行纠正，对于表达者更有利。

其二，文章中出现的高级表现形式与低级表现形式，也在一定程度上体现了学生的写作能力。在日语教学中，有明确的文章体与口语体之分，文章体被运用于日文写作中，而口语体则存在于日常对话中。这两种表述体系所沿用的语法与词汇体系也截然不同，这也是日语教学老师需要特别注意的。

其三，学生所写文章的表达情况与构思情况，是学生写作能力的具体体现。在日语写作教学中，教师要着重选取各种差异化的题材或体裁内容，开展多元的写作练习，培养学生综合性的写作构思与表达能力。

其四，文章写作不仅是一种日语课程教学内容，也是不同日语学习阶段的课程目标要求。在培养日语跨文化交际人才时，写作训练也通常被作为一种有效的日语思维训练手段，具体的写作能力包含：文本组织与联想能力、构思能力、灵感捕捉能力、书面表达能力、素材收集能力与遣词造句能力。

五、交际日语词汇教学概述

在全球化的推动下，中日关系的持续发展，中日两国间的交际需求也持续增加，许多国内学习者已经将日语确认为了必不可少的交流工具。而要掌握交际日语这个重要的中日交流工具，就需要学习并掌握日语交际词汇。只有累积一定的日语交际词汇，表达者才具备了连词成句的前提，因此词汇也是交际日语教学的重要内容。要注意的是，在日语教学中，词汇教学往往与句法教学同步进行，脱离了日语句法教学的词汇教学是不成立的。这就需要日语教育工作者，开展相应的日语词汇教学研究，将日语句法教学与日语词汇学习进行有机结合，有效提高日语学习者的词汇学习效果，帮助日语学习者打下良好的日语交际基础。

任何语言教学都是以词汇为基础的，日语教学也是如此。在整个日语教学中，词汇教学贯穿于各个教学活动之中。然而，从国内的日语词汇教学情况来看，目前的词汇教学体系并不完善，严重阻碍了学生日语交际水平的提升。

在以往的日语教学中，词汇教学是教师最容易忽视的教学内容。传统日语教学模式所推崇的视听教学法与直接教学法，往往只关注日语语法知识的学习，并没有刻意关注日语学习者的词汇量。自 20 世纪 70 年代以来，交际教学法逐渐被运用于日语教学之中。到这时，广大日语教育工作者才正式开始了日语词汇教学研究。到了 20 世纪 90 年代，词汇教学的重要性才真正被教育者所认可。同一时间，著名的语言学家伯里格曾指出：对于个体来说，语言表达并不全然是一种临时行为，很多语言都是可以重复运用的，若一个人不具备丰富的词汇量，他们的交际用语就会出现很高的重复性。这是因为他们的交际预制词汇具备很高的局限性，言语表达词汇选择空间较小。而要有效改变这一情况，就需要语言表达着学习大量的词汇内容，持续扩充他们的预制词块空间，进而有效提高语言表达的准确性与灵活度。

如果日语学习者具备良好的词汇储备，就可以有效理解中日文化的差异性，避免一些不必要的交际用语失误，他们的日语表达形式也会更为科学，从而能够获得更好的日语交际发展。教师要帮助学生持续扩充日语词汇量，形成良好的交际预制词块空间，就需要遵循一定的日语词汇教学原则开展科学、系统的词汇教学，以此降低学生词汇学习的难度，帮助学生达成良好的词汇积累。

六、日语翻译教学内容分析

（一）日语翻译教学概述

如果说语言是民族文化的影片，那么翻译就是连接各个民族语言之间的破译码。对跨文化日语教学来说，翻译教学也十分重要。开展高校的日语翻译教学，能更好地帮助日语学习者掌握文化传播与交流方法，达成良好的文化理解与传播，促进中日民族文化之间的交融发展。在日语翻译教学中，教师要着重关注差异化的中日民族语言表达文化，将科学的跨文化传播意识传达给学生，让日语学习者逐渐掌握跨文化交际翻译的基础技能，运用翻译这种方式开展行之有效的中日文化交流。

首先，日语翻译教学并不是简单的文本转换教学。从严格意义上来说，日语翻译教学更倾向于一种文化传递活动。在具体的翻译教学中，教学影响因素包含学习者心理因素、社会因素与语言因素。教师在开展具体的翻译原则与方法讲授时要注重结合特定的翻译作品创作背景与文化环境，主张运用正确的文化态度去翻译，多种多样的日文作品。

其次，在日语翻译中不可避免会面对中日文化的相似之处。但是，这并不意味着跨文化日语翻译就可以完全依照中国的文化观念去进行，而应该注重挖掘同类型文化背后潜在的内涵差异性，这也是日语翻译教学的疑难之处。对日语学习者来说，翻译学习过程要经历三个阶段，即理解阶段、表达阶段与教改阶段。在前两个阶段，要注重在理解的基础上进行正确的语言转换表达，运用恰当的语言将日文内容的真实意义进行表述。比如，可能叙事或写人的日本诗文中会夹杂着一定的社会文化元素，这些元素可能是作者的生活态度，也可能是当时的社会风俗习惯，亦或是独有的空间观念等。对日语翻译学习者来说，这时他们就需要将原有的生活模式用另一种方式去表述出来。换言之，日语翻译学习者需要先理解原文的深层意义与社会背景文化，再将独特的文章内容用自身的语言还原出来，以此达成跨文化交际的目的。但是，在整个翻译学习过程中，日语学习者面临的一大难题就是主观文化因素对翻译的影响，这种因素也会在一定程度上局限翻译者的文化视野，阻碍日语学习者翻译水平的提升。

不同国家的文化差异会在一定程度上影响翻译教学原则与方法的选取。在具体的教学中，日语教师要依据语言表层意义开展相应的翻译分析，带领学生找出语言内涵的文化意义，教会日语学生灵活选取翻译原则与方法对不同内容进行翻译，提高翻译学习的成效，更好地达成跨文化交际翻译需求。

（二）日语教学中常见的翻译形式

1. 直译

若学生拿到不含文化负载词的日语文本，就可以选择直译的方式进行日语翻译。直译是直接翻译的简称，指将原文进行直接的引用翻译，不采用过多的文学手段进行翻译转化或文体转变。一般来说，当学生需要翻译本民族文化并不存在的外语文化内容时，就可能需要直接将日语词汇进行直译。当翻译者无法准确把握某个词汇表达的真实内涵或出现不可译、难译的现象时，绝大多数翻译者也会选择直译的方式。面对这些特殊的翻译情况，光进行直接翻译是不够的，教师可引导学生在译文后边进行相应的翻译解释或加注，以此说明特殊的翻译情况，帮助学生更好地认知译文内涵，若部分词汇已经是众所周知的直译词汇，学生就不需要再进行相应的加注或结束。

2. 音译加注解

日语教师在进行翻译教学时，也可能会面临汉语翻译为日语的情况。汉译日时，音译是用与汉字发音近似的日语片假名来标记人名、地名、专有名词等的翻译方法。音译就是语言层面的转化，它保留源语的读音而不传达源语意义。此日本深受外来文化的影响，从外来语的庞大数量可见日本社会对外来文化的受容度极高，这意味着也能接受汉语的音译词并可能在日本社会中固定并流传，采用音译法将汉语的新词译成日语时，既保留了源语的读音，又尊重译入语文化。

3. 借用翻译

当翻译学习者在进行源语翻译时，若面临相似的语源词汇、译入语时，就需要教师传授其"借用翻译法"相关知识。在此基础上，引导学生运用一个中介性的日文词汇，完成中日语言之间的翻译转换。在当下的汉语新词来源中，这种现象也是来源之一。例如，有一些汉语词汇来自西方欧美国家，却在近期流行于国内。当学生需要翻译这些词汇时，就需要教师引导其进行词源追溯，并在译文作品中体现其原本应有的文化信息内容与字词内涵。日本是一个较为开放的国家，日文中经常会出现许多新系的日语词汇，这也需要日语学习者运用相关的翻译方式，进行有效翻译。

4. 归化翻译

在日语翻译学习中，学生也可能面临需要进行表达方式转换的情况，用译文特有的表达方式去表述原文的内容。面对这种情况时，教师要提醒学生尽量选取符合读者通用习惯或阅读习惯的一文表达方式，进行流畅自然的语言转换，最大限度地完成原文意思的翻译。也就是说，要通过翻译将特定的原文进行本土化翻译。这种翻译方式，往往是以阅读者为核心的，主张学生采取读者固有的认知方式、表达习惯与文化认知，进行原文理解性翻译。这种翻译方式下的译文具备更高的可读性，也便于读者进行文章内内容理解。

在进行规划翻译法教学时，教师要注重以下几个方面的内容。首先，需要优先考虑文本读者是否存在文化空白现象，以及我们读者能否真正理解所翻译的内容。往往需要学生进行相应的文本背景科普，以此强化读者的理解便宜性，让译文读者更直观、准确地进行文本内容理解。其次，规划翻译并不等同于语言转换，更不是作为翻译者的学生可以随意发挥创造的翻译方式，其往往也有一定的翻译原则——在充分理解原文本内容与背景文化后，进行创造性的文化空白填补工作，避免翻译错误或译文读取错误的情况，保持高度的意译准确度。这种方式只是转换了表达方式，本质上的翻译原则并没有发生更多的改变，需要学生灵活运用图表表达方式进行译文输出时，最大限度地还原原文的文化意义与文章内涵。

5. 意译

相较于音译与直译，意译是指在理解原文大意的基础上，进行意义层面的翻译。一般来说，这种翻译方式常被用于词组翻译或句子翻译。其优势在于能够降低译文出现歧义的可能性，较其他翻译方式而言更为简洁明了，也更容易被读者理解。当然，这种翻译方式与归化翻译法有所区别，归化翻译侧重于文化层面的意思翻译，意译更注重语言文字上的转换与意思传达。

6．释译

在日语翻译中，学生可能会面临大量的新词，这些新词经常出现在政治文化事件的翻译中。而产生一定文化环境下的新词，往往是本土文化所空缺的，若不加以注释读者就很难理解文本所传达的社会现象或文化内涵。面对这些新词，学生在进行翻译时也可能很难迅速找到相对应的本土文化负载词汇，只能选取相近的词汇进行翻译，在词汇背后注视其特定的文化含义或社会内涵，在开展新词翻译教学时，日语教师要着重关注学生的注释翻译能力，教会学生运用完整明了的表达，进行英文新词注释，让学生的译文作品具备更高的文化传达度，也便于异文化环境下的读者更好地认知翻译作品。这种翻译方式也有需要注意的地方，注释翻译不同于意译，后者不拘泥于具体的原文语言结构，学生的翻译空间更宽阔。而翻译注释，则更侧重于将本质化的原文内容进行传达，旨在提高译文的文化意义传达度。

7．加译

若正常的翻译无法将原文内容进行清晰传达，学生就需要进行相应的加译学习。这种方式，更侧重于将原文句式中所包含的成分与文本意思，用直观完整的语言进行二次复述。运用这种方式进行翻译时，不能随意进行原文内容的删减或增添，要最大限度地贴合原文内容。

第二节　跨文化视域下日语教学原则研究

一、日语听力教学的原则

（一）听前教学原则

不同于书面知识的学习，日语听力教学往往需要做一些基础性的准备，还需要进行相应的听力热身。只有这样，才能让学习者进入良好的听力学习状态。

一方面，教师要严格遵循相关性原则。在听力开始之前，日语听力教师要注重契合听力学习内容，设计一系列的听前准备活动。如阅读相关篇章、科普听力所涉及的知识等，以此激发学习者的听力兴趣，激活相应的知识储备。

另一方面，教师还要遵循简化原则。在听力开始前，不应设置过难的导入环节，还应考虑如何让学习者更好地去理解听力篇章的内容。譬如，可以在听力教学前，开展相应的厅前准备预测，通过对话内容预测、听力篇章术语介绍、听力词汇学习等活动，有效降低听力学习的难度，以此帮助学生树立听力学习的信心与耐心，避免打击学生的听力学习积极性。

（二）听中环节的教学原则

在开展日语听力教学时，教师要遵循两大原则，即层次化原则、明确化原则，循序渐进、有的放矢地开展听力教学活动，并将这两个原则贯穿于听力学习的始终。

首先，明确化原则是指要明确听力学习的任务。这要求教师在播放听力之前，让学生认清学习的目的，并布置相应的听力学习任务，以此提高学生对日语对话内容的理解，避免学习者出现听后一脸茫然的情况。

其次，教师要运用层次化原则，循序渐进、由易到难地设置听力考评项目。唯有如此，才能为日语基础不好的学生提供一定的听力学习适应阶段，有效维护学生听力学习的积极性，继而激发学生的听力学习挑战心。

（三）听后环节的教学原则

对于日语学习来说，听力学习只是开始，并不意味着听完就结束了。教学者要在听力完成后，遵循一定的原则，完成听后反思与教学。

一方面，要严格遵循反思性教学原则。在听后环节中，教师要开展针对性的听力学习反思活动，帮助学生找出听力学习过程中存在的不足，并明确教学改进方向。譬如，可以通过要求学生写听后反思，帮助学生理清听力学习中的难点与重点，对自身的听力理解水平产生清晰的认知，引导学生在自主反思的过程中，持续获得日语听力水平的提升。

另一方面，要采取引导性原则，运用元认知原则与方法帮助学生制定切实可行的日语听力学习目标，设置个性化的日语听力学习计划，将学生的个体学习需求与听力理解力的提升进行有机结合，构筑科学高效的日语听力课堂。

二、日语口语教学原则

在开展日语口语教学时，也需要遵循一定的教学原则，构筑合规科学的口语教学课堂。唯有如此，才能逐步达成提升日语学习者口语表达能力的教学目标。

（一）互动性原则

作为一种植根与实际交流的语言教学内容，互动对口语教学至关重要。互动性原则的关键之处在于"动"，要求日语教师选取特定的口语话题，开展针对性的动态练习，如角色扮演、小组讨论、对话练习等，以此带动学习者的口语交际能力的提高。

（二）先听后说原则

值得注意的是，盲目进行口语练习是不恰当的，而需要开展听说结合的口语教学，并遵循先听后说的原则。只有让学习者听懂对话内容，才能培养其日语对话的反应力，通过持续模仿，提高学习者日语口语表述能力。

（三）循序渐进原则

口语训练是一个长期性的过程，要教师严格遵循循序渐进的原则，由易到难、由浅入深地开展语音教学，帮助学生从机械模仿，逐渐过渡到自如运用。

（四）多样化原则

随着跨文化外语教学的持续发展，出现了许多先进的口语教学方式。日语教师在进行口语课程构筑时，要灵活选取多样的教学方式，开展针对性的口语训练。例如，可以选择看图说话、日语歌曲唱诵、日语故事接龙等多元的方式，全面训练学生的日语交际能力。

（五）内外兼顾原则

日语教师在进行口语教学时，还要遵循内外兼修的原则。这里的"内"指的是课堂，"外"指的是课外。教师不仅要注重课堂内的口语教学训练，还要主动组织与引导学生参加各种各样的课外口语竞赛与活动，最大限度地操练学生的日语口语。

（六）科学性原则

在口语教学中，经常会存在异文化影响导致的潜意识口语表达错误。因此，教师要综合运用各种科学的方式，了解学生口语表述中的错误之处，及时进行纠正引导，并帮助学生有效区分不同场合的用语方式，进行场合化的口语训练。

三、阅读教学遵循的原则

（一）激发兴趣原则

在诸多日语阅读教学原则中，兴趣化原则尤为重要，学习者的心态，会直接影响阅读教学效果。具备高阅读兴趣的学习者，能够保持良好的阅读动机，将阅读内化为一种自主性的需求，逐渐培养持续化的阅读习惯，将阅读学习习惯贯穿于整个日语学习之中。

（二）真实性原则

跨文化日语教学的最终目的在于达成交际，至于阅读教学目标亦是如此，在开展具体的日语阅读教学时，要结合具体实际，落实真实性原则。具体而言，阅读教学真实性主要有三个层面的含义。

其一，确保阅读文本的真实性。教师在选取文本时，要充分考量学习者的日常生活交际需求，选取贴近生活阅读材料进行教学。同时，还要注重选取贴合学生实际阅读水平、符合学生阅读兴趣的文本。

其二，要确保阅读目的的真实性。一般来说，人们进行阅读往往有着多重的目的，可能是为了了解特定学生的写作风格或思想，也可以是为了获取知识信息，抑或是为了打发时间消遣娱乐等。对于日语教学来说，只有让学生明确阅读的真实目的——获取交际信息与能力，才能让学生找到阅读教学的侧重点，开展行之有效的阅读教学。

其三，要确保学生运用确实可行的阅读方法进行阅读。换言之，教师要依据学生具体的阅读水平发展情况，帮助学生选取科学的阅读方法进行阅读，不能违背客观的阅读规律进行教学。

（三）多维互动原则

阅读活动不同于单一化的词汇学习，其往往具备很强的综合性。教师应严格按照多维互动原则来开展阅读课堂设计活动。常见的互动方式主要有三种：其一，文本与学习者的互动，如依据标题线索进行文本内容预测；理解文本所表述的思想；用自己的话语去复述文本内容等活动。其二，教与学之间的互动。在跨文化日语阅读教学中，师生之间应该是平等交流的，教师要通过课堂交流，充分引导与帮助学生完成阅读。其三，学生间的阅读互动。受个体文化认知度与日语学习水平差异性的影响，不同学生间的阅读认知情况有所区别。因此，教师可以设置相应的阅读互动环节，要求学生交换阅读感知信息，并通过互动化的方式，提高对日语文本的理解程度。

（四）信息与语言并重原则

对于日语教师来说，阅读教学的目的在于培养日语学习者的语言学习能力与信息获取能力。教师在教学中有意识地带动学生进行语言知识累积，获取基础阅读信息的同时，提高其日语文本素材理解水平与运用能力。值得注意的是，不能将日语阅读教学等同于信息语言累积，还要注重带领学生，把握深层的文本意义，探究字、词、句中所透露出的文化观点。

（五）速度与效率并重原则

当学生具备基础的阅读技能与方法后，日语教师就要开展针对性的阅读能力提升教学，注重阅读效率与速度的同步提升。唯有如此，才能确保学生在有限的阅读交际时间内，快速准确地理解文本所传达的深层意义，开展高效的跨文化交际阅读活动。

四、日语写作教学的原则

（一）由浅入深原则

日语写作能力不是一蹴而就的。写作教学必然是由浅到深、由简到繁、由易到难的。"由浅入深"在这里主要有两层含义。其一，从语言本身来看，写作训练应该从写句子开始，然后是写段落，最后是写文本。其二，从训练活动来看，所训练的写作技能，也要遵循由易到难的原则。写作训练活动可以分为获得性学习活动、运用性学习活动两种类型。写作训练活动的重点是让学生了解语言组织的方式，这又对应两类活动。

其一为抄写活动。要求学生学到的语言材料，或者模仿这些材料重写，其重点在于拼写规则、标点符号、语法的一致等。

其二为简单写作活动。其重点在于巩固学生的语法知识，要求学生围绕某一语法要点进行各种写的活动。使用语言进行目的明确的交际活动是技能性活动的操作关键之处，其目的是培养学生灵活、创造地使用语言的能力。这主要包括灵活性训练、表达性写作训练这两种类型的活动。其中，表达性写作主张指导学生开展贴合实际需要的写作训练。

以上的写作活动，基本都需要按照由易到难的顺序持续推进。教师应根据学生的实际情况——学习阶段与实际水平，开展针对性的写作指导，安排相应的写作活动。

（二）采取多种形式的原则

采取多种形式，丰富学生的表达手段。日语具有丰富的表现手段，同一意义可以用不同的句型来表达。在写作教学的过程中，引导学生学习使用不同的句型结构来表达同一意思是指导学生写作训练非常重要的途径，既可弥补学生在语言知识上的不足，又能启迪学生的思维，把知识变成技能，灵活运用语言。

（三）综合各种教学方法的原则

在日语写作中，结果教学方法、过程教学法、体裁教学法各有优势，也有各自的不足之处。

例如，结果教学法的优点是可以提高学生的语言能力，削弱或消除母语对日语写作能力的影响，学生容易学习，容易获得成就感，从而增强学生对日语写作的信心。其缺点是忽略了写作过程的复杂性，过分强调文章的风格，忽略了文本的思想、可读性与风格，缺乏师生之间的交流，抑制了学生的创造力。

与之相对，过程教学法的优点在于能提高学生的写作能力，发挥学生的创造力，增强文章的思想性和可读性。在这种教学方法下，师生之间的交流可以调动学生的学习积极性，增强其书面交流能力，轻松地将学习者的日语写作水平提到更高的水平。但是，其缺点在于忽视了学生的语言能力，也不重视日语写作的真实性。学生在写作中容易遇到许多的语言障碍，引发写作困难的现象，使得教学效果降低，也容易让学生失去写作信心。另外，过程教学法对教师的要求比较高，需要高素质的教师把关，才有可能在日语教学中科学运用。

教师在讨论阅读教学时，可以采用多种方法。无论使用哪一种或哪几种技能，教师都应该让每个参与者感兴趣、积极参与并主动思考。教师也可以组织学生讨论作文的内容，这样可以帮助学生拓展思路，丰富作文的内容。

（四）尊重学生的主体性原则

在写作教学中，日语教师要灵活组织多种多样的教学活动，帮助学生积极融入写作教学过程，尊重学生的写作学习主体性。小组讨论就是一种有效的教学方式。此外，过程教学法成功的关键也在于教师是否组织，如何组织学生进行小组讨论，以及如何对学生的作文进行反馈。而成功的小组讨论，应该达到三个指标：第一，学生全面参与；第二，对学生有促进作用；第三，帮助学生达成写作理解。具体而言，教师在小组讨论时可以采取以下五种活动：

（1）提问：是小组讨论的核心，提问能够帮助学生表达思想和进行概括，减少学生写作中的困难。

（2）卷入式：卷入，即是保证大多数时间让尽量多的学生参与，为所有的学生提供机会进行回答和参与。例如，让学生读出黑板上的问题，让学生集体回答，让学生提出问题，让学生重复问题或答案等。

（3）反馈式：教师随时获得全班的反馈信息对于成功地组织小组讨论非常重要，这使教师能根据学生的情况调整问题和提问方式，从而保证全体同学的参与。为了了解每个学生，教师可以让学生快速地把答案写在纸上，然后巡视全班，进行检查。教师的巡视目的在于获得反馈信息。

（4）复习式：使用这一技巧时。教师必须使学生有新鲜感，而不是简单地重复知识，还要加快讲授的频率，以免学生产生厌倦情绪。

（5）学生互助式：鼓励同学相互协作，解决难题，而不是由教师直接提供答案。

（五）改进写作评阅的原则

在日语写作教学中，教师应注重考量评价时间、评价内容及评价方式。对于评价的内容，老师也要考虑重点在哪里。写作的目的是用书面语言进行交流，所以在复习作文时首先要考虑的是：学生如何写、表达是否清晰。

评论应该清晰而具体，这样才能有效。评论应该考虑到学生的个性，表扬是主要的。对写得少、写得短、不爱写的学生要多鼓励，多评论文中的闪光点，让他们逐渐对外语写作产生兴趣。在指出学生写作中的错误时，也应该表扬他们，鼓励尝试新的语言表达方式，以消除纠正语言错误带来的副作用，避免打击学生的学习积极性。

（六）范例引路原则

日语教师在进行写作教学时，发现学生容易出现两个方面的问题。其一，无法清晰的表达所想的内容，存在说不出口的现象；其二，无从下笔或写得很笼统不深入。面对这些情况，需要严格遵循范例引入原则。在写作初期，要鼓励日语学生多进行日语文章模仿性写作，依据教师停工的范例文本开展仿写练习。教师在选取相应的范文文本时，不仅要注重具体的范围内容，要选取具备良好语法修辞、格式与语用习惯的范文。让学生接触真正的好文章，在潜移默化中找到写作的切入点，认清写作学习的侧重点，持续带动学生日语书面表达的进步，为跨文化书面交际提供良好的范例学习基础。

五、交际日语词汇教学原则

（一）直观性原则

目前，常用的日语教材所涉及的日语词汇以活用词汇为主，也就是说这些教材中绝大多数的词汇是常用或常见的，词汇类型以人称代词、形容词、动词以名词为主。针对这一情况，日语教师要抓取红用词汇的本质特征，即直观性，运用直观的方式展开词汇教学。日语教师可以选取直观形象的词汇插图，将具体的词汇内涵与应用环境进行图形表示，让学生直观地进行词汇内容学习，以此提高学生的词汇学习专注度，帮助学生提高对日语词汇含义的理解，让学生将具体的日语词汇与客观事物进行联系，在交际中更好地进行词汇提取。

（二）情境性原则

任何词汇的教学都不应该是孤立的，日语教师在词汇教学中要做到"词不离句，句不离段"，创设相应的词汇学习情境，根据词汇的意义为学生创设相应的日语表达环境，将学生的词汇学习与句式应用进行有机结合，加深学生对词汇的印象，让学生能够在交际中将各个复杂的日文词汇进行有效区分，提高交际词汇运用的得体性。

在词汇学习情境建设中，教师要有效避免轻效果、重形式的情境创设做法。应持续开展学生词汇学习特点研究，抓取学生特殊的词汇学习关注点，为学生创设更加贴切的词汇学习情境，开展动静结合、绘声绘色、层次分明的词汇情境教学。

（三）系统性原则

这里的系统性，指的是学生词汇学习展示的连续性、整体性。教师在进行日语词汇教学时，要充分关注日语词汇具体的词形转换规律、语用法则，将机械性的词汇记忆转换为理解性的词汇学习。

首先，教师要注重开展形语结合的日语词汇教学。通过分析日语词汇的词语形态，掌握具体的词汇特征，结合具体的词汇读音，让学生加深词汇学习的印象。其次，要开展形义相结合的词汇学习，带领学生深入探究词汇具体的词根、词缀与合成词，让学生掌握词汇的使用方法。此外，教师还要开展词性方面的归类教学，将词汇具体的同义词、近义词、反义词进行搭配教学。

（四）文化性原则

教师在进行日语词汇教学时，不能只讲解词汇相关的知识，还要将词汇内涵的文化属性、文化内容与象征意义进行清晰的传授。这样才能帮助学生更好区分中日语言词汇，避免出现文化理解缺失引发的用词不当。

（五）持续化原则

词汇学习是一个持续累积的过程，需要教师严格遵循持续化、累积化的教学原则。据统计，日语词汇量已经超过了百万词，而且各个日语词汇之间的难易程度截然不同。这就需要教师科学依据词汇学习规律，开展层层递进的词汇教学，不能毫无章法地进行词汇灌输。

在开展日语词汇用法与意义教学时，教师要严格按照由浅入深、由易到难、从多到少进行层层递进的教学。在学习初期，尽量不加入高难度的词汇用法或意义内容，还要通过持续化的讲解，一点点将新的词汇用法或新的词义，传达给学生，帮助学生更好地消化与理解。

总的来说，据词汇教学并不是一蹴而就的，需要教师步步为营开展有计划的递进教学。当学习者具备了良好的词汇理解能力后，教师才可以开展相应的词汇知识面拓展教学，让学生掌握单个日语词汇的多种用法，学会依据具体的交际语境选取合适的词汇进行应用。

（六）重复性原则

科学研究表明，遗忘是人类所具有的一个必然特征。在学习完词汇后，若教师不开展定期性的词汇教学复习，学习者就很有可能会出现词汇遗忘的现象。艾宾浩斯提出的遗忘曲线规律表明：人在识记某一事物后，其遗忘速率是先快后慢。通常而言，熟记后的第一天遗忘的速度最快，这时如果不进行相应的重温复习，就会流失很多记忆的内容。到了第六天后，大脑的遗忘现象就很少发生了。因此，教师可以运用这一遗忘曲线规律，在学后第一天开展重复性词汇教学，帮助学生巩固绝大多数词汇内容，然后在第六天进行词汇记忆考核，检验学生是否真正记住了日文词汇，并将这一规律持续下去，形成良好的词汇学习闭环，依靠重复性学习，帮助学生达成词汇的永久记忆。

（七）集中与分散相结合的原则

目前，绝大多数日语专业院校所采取的授课形式，都是集中化的班级授课制，词汇教学方式也以集中教学为主。这虽然能够帮助教师综合把握学生的词汇学习阶段特征，让学生更系统的进行词汇学习。但是，若只进行集中化的词汇学习，在后期词汇复习巩固教学中，教学体量往往较大，教师也没有充裕的时间进行词汇巩固训练。因此，教师要采取集中与分散相结合的词汇教学原则。在完成其中词汇教学后，将具体的词汇进行分类，依靠类别进行分散化的词汇巩固练习，帮助学生更好地理解、掌握与运用日语词汇。还可以将分散化的词汇巩固与听、说、读、写等日语技能训练进行有机结合，将学生对词汇的理解记忆由暂时记忆转变为长久记忆。

六、日语翻译教学原则

（一）"信、达、雅"翻译原则

日语翻译教学在很大程度上是将语言作为载体，对日文作品或对话中的意境进行转换输出，旨在帮助交际需求者，体会原话或原文中的风格与内容，并达成语言理解与跨文化交际的目的。在进行日语翻译教学时，教师要严格遵循"信、达、雅"的基本外语翻译原则，在此基础上开展详细的日语翻译对比分析教学，更好地体现日语翻译教学的功能性、归化性、贴切性。只有这样，才能确保日语翻译学习者不被各种各样的翻译理论所局限，让学习者翻译出来的作品具备更高的使用价值，同时为翻译作品注入全新的生命力。

首先，"信"的日语翻译原则，要求教学者要关注学生翻译的原文贴切性与表述准确性。在翻译中，教师应要求学生不能随意进行原文内容删减，更不能进行主观的文艺推测或篡改，而要客观真实反映原著内容，将原文所表述的思想充分体现出来。在词语翻译方面，要注重提高学生的翻译用词简洁性、准确性与得体性，避免因用词不当引发翻译歧义，措辞不当引发的内容矛盾。此外，还要督促学生完成连贯完整的全文翻译，要求学生从文章逻辑性角度进行原文与译文对比，将原文的衔接性体现在翻译文章之中。可见，这一翻译教学原则，更加关注学生翻译内容的真实度与贴切度，要求学生学会妥帖准确翻译原文内容。

其次，至于教师要遵循"达"的翻译教学原则。这一原则，要求教师从日语学习者的翻译表达层面着手，传授学习者复合日语表达习惯的译文表述方式，让学生的译文变得清晰易懂、行文流畅。要特别关注的是，中日修辞文化的差异性会引发表达翻译上的难度。日语教师应对特殊的日文修饰成分进行详细的讲述，要求学生在理解日文修辞成分的基础上，开展连贯的翻译，还应及时纠正学生对字翻译、对词翻译的情况，主张理解性翻译，避免拖泥带水的翻译现象出现，尽可能地避免过多表述引发的翻译歧义，做到表达用词凝练简洁。

目前，许多日语教师在进行翻译教学时，也越来越注重"雅"的原则。这里"雅"是指：确保翻译教学的文学性，采取有文采的翻译方式，构筑符合审美要求的翻译教学内容，提高日语学习者翻译文本的可读性，帮助学习者完成符合原文语言风格的翻译表达。比如，在进行翻译教学时，教师要从文本具体的日记体裁出发，与学生一同挖掘文中角色丰富的心理活动与会话内容，引领学生充分体会原作者所要传达的主人公情绪，选取特定的体裁进行风格化翻译，最大限度地在译文中呈现原文的风格与思想。此外，教师在进行翻译教学时，要将"不能随意更改文章语言风格与特点"的思想传达给学生，以此增强译文文本的风采与可读性，更好地帮助学生进行跨文化日语翻译。

（二）以学生为中心的原则

在任务型日语翻译教学中，教师要设置以学生为中心的翻译任务，充分激发学生在翻译方面的个人认知，引导学生进入个体化翻译世界。这一原则还要求教师正视翻译教学中的学生实际发展需求，及时给学生传输其需要的翻译知识内容，选择学生感兴趣的对话或文本内容进行翻译教学，并设置符合学生认知发展水平的翻译任务。还可以采取合作教学法、协商翻译法等以学生为主体的翻译教学方式，有意识地激发学习者的翻译参与意识，为学生提供更多的翻译课堂表现机会，最大限度调动学生的翻译学习主观能动性。

（三）以任务为主线的原则

日语翻译教学必然要设置一定的学习任务，只有明确翻译学习的任务，才能帮助学生找到翻译学习的进步方向。教师在设置各个任务时，应遵循一定的教学主线，将不同任务之间的逻辑关系、时间关系、空间关系等进行深入的挖掘，找到不同万物之间的潜在关系，形成以任务为主线的翻译教学课堂，强化各个翻译课程之间的联动性与整体性，帮助学生将各个分散的日语翻译知识进行有效串联。唯有如此，才能充分发挥学习任务在学生日语翻译学习中的驱动作用，培养学生良好的跨文化交际翻译能力。

（四）协作互动的原则

开展行之有效的翻译教学互动，能有效激发学生的翻译探究精神，在各种各样的互动中培养学生协作参与的意识，逐渐形成多边互动、共同学习、一起进步的日语翻译教学格局，帮助学生在各种语言交流与磋商中，完成大量的关于对话或文本的输入阅读与输出转换。一方面，遵循协作互动的原则，能够让学生通过探讨的方式，加深对日语翻译学习内容的理解，构建更深层次的翻译教学意义。另一方面，互动化的协作翻译教学，也是学生抒发自身翻译观点、展示翻译成果、分享翻译喜悦的重要途径，有利于激发日语翻译学习者的学习动机，从各种互动化的翻译实践中，逐渐累积跨文化翻译的技能与知识。遵循这一原则的翻译教学，还能够最大限度地带动学习共同体之间形成一种良性的互动关系，在各种团队协作与个人学习中有效解决文化差异性引发的学习困难，尊重每个学生的个体认知发展差异性，达成个性化的跨文化日语翻译学习目标。

（五）以学习情景为前提的原则

这里的日语翻译教学情景，指的是日语文化背景。对于日语翻译来说，只有构筑良好的学习情景，才能带动学生真正了解翻译对象的社会文化含义。情景的转化能够在很大程度上带动翻译理论的理解，也能提醒学生使用特定的翻译技巧进行正确翻译。要特别注意的是，所有翻译情景的建设，都必须遵循切实性原则，需通过尽可能的跨文化日语交际的具体情景，将翻译教学提升到跨文化交际教学的层面，让学生从实际的交际情景中提升自身的日语翻译能力。教师再设置翻译情景时，尽可能充分考量教学任务与情景的匹配度，选取贴合翻译内容的社会文化背景进行翻译导入与提示，让日语学习者将生活实践与翻译交际进行有机结合，有效激发日语学习者的翻译信心与兴趣，带动学生实际翻译能力的持续强化。

（六）其他日语翻译教学原则

随着各个学科之间的交流与发展，日语翻译教学逐渐吸收了教育学、心理学、语言学、社会学的相关理论与教学方法，形成了全新的日语翻译教学经验，这些翻译教学经验也被统称为近代翻译法。而在采取近代翻译法时，则需要遵循一定的教学原则：

首先，要严格按照圆周式排列方式进行教学，也就是要将教学重心确认为课文内容，将语法作为主要的翻译教学内容，进行词汇、语法、语音与文化知识相结合的翻译教学。其次，要选取一定的语料，将日文阅读与翻译教学进行有机结合，开展听说结合的翻译训练，带动日语学习者阅读与翻译能力的同步增长，还可以结合学习者的母语，不仅将翻译作为一种教学目的，还能充分发挥翻译的教学工具性，将其看作一种行之有效的日语交际水平提升手段，切实培养学生教育翻译能力。

第三节　跨文化视域下的日语教学方法研究

一、日语听力教学的方法

在日语听力教学过程中可供选择的教学方法较多，其中较为常见的教学方法有六种，具体如下：

（一）任务型教学法

1. 任务型教学法的起源

这一教学方法起源于西方，最早出现于 20 世纪 80 年代。在福斯特看来，教学设计者依据具体的学习这种情况、教学内容进度，灵活设置教学任务，让学习者自然而然掌握语言运用素养的教学方法，就是任务型教学法。自提出以来，这种教学方法就引起了跨文化语言教育者的关注。如今，任务型教学法已经成为最主要的日语教学方法。对跨文化日语教学来说，任务型教学法更为关注日语教学的心理语言学过程与认知过程，主张通过有目的的教学活动，为学习者提供良好的日语学习机会，构筑开放型日语交流教学环境。相较于交际活动，这一方式有着明确的教学任务，更能体现教学中的包容性与综合性。

2. 任务型教学法设计要点

如何设计任务，是这一教学方法的核心问题。于日语教育者而言，要完成教学任务设计，就要先了解基础的任务构成元素，即六个基本的任务要素：情景、教与学的角色、输入材料、程序、内容与目标。

六个基本的任务要素，也在一定程度上体现出了任务的本质。实际上，任务更倾向于一种形式、手段和方法，并不是单纯的目的，也不等同于内容。对于日语教育来说，设置教学任务可以带动学生自主开展人际交往，给学生留足语言思维空间，为其提供良好的语言实践环境，将语言学习从单纯的项目训练，过渡为实际化、互动化、语境化的语言实践。

3. 任务型听力教学操作步骤

（1）选择材料。

日语听力教师要注重结合学生的具体日语水平，为学生选取契合实际、丰富多元、有趣生动的语言材料。一方面，要注重拓展听力教学的学习交流空间，开展交际化的听力技能学习活动；另一方面，要有意识地选择学生感兴趣、能理解的听力材料。譬如，NHK广播、日剧、日本电影、日语歌等。当然，还要注重从学生的阶段发展特点出发，挖掘学生感兴趣的听力话题，开展丰富多样的听力学习活动，带动学生全心投入听力学习之中，有效提高学习者的日语交际综合能力。

（2）任务设计。

作为其合作性与集体性为一体的多边或双边互动活动，这种互动是任务设计，可以是教学参与者间的互动，也可以是学习者与输入材料之间的互动。具体而言，听力任务设计类型主要有几种：①回答问题型，可以表现为学生间的互动，也可以是师生间的问答。②身体反应型，是在问题回答的基础上，要求学生配以相应的行为反应，也可以体现为场景布置规划、排列顺序、图片选择等。③转化信息型，会设置相应的听力表格填写任务或图表绘制任务，要求学生在听力活动过程中完成信息转化。④重组与评价信息型，主要是指在听后组织与听力相关的日语复述活动，并开展相应的信息评价。这类型的教学任务，往往以角色扮演、感想或评价书写、小组讨论等形式进行。

（3）教学实施。

①导入阶段：首先，需要教师灵活选取导入法进行教学任务导入，并运用相关导入方式介绍听力话题。如讨论导入法、悬念导入法、图片导入法等，都是很不错的日语听力任务导入方式。其次，需要日语教师设置一些听前游戏活动，介绍相关的听力短语与词汇，组织学生

开展语言练习，初步熟悉听力知识内容。然后，要进行听力技巧介绍，进行相关的听力技巧方法介绍与传授，例如：合作学习法、语境与联想词汇记忆法、预测法、泛听与精听结合法等。

②实施阶段：首先，需要教师让学生布置各项听力任务，要求学生依据具体的任务，选择恰当的学习方式进行任务落实。例如，可以让学生选取合作学习法以小组为单位，分工完成听力任务；又如，选择事例提问法，开展交际为主导的听力教学。其次，要求学生进行任务汇报，以个人或小组为单位，逐一展示学习成果，促成听力学习交流。最后，带领学生进行任务分析，抓由教师引导学生进行听力学习点评，纠正学生听力或口语环节存在的错误，提供必要的学习协助。

③听后作业布置：选择合适的作业完成单位（小组或个人）进行听力任务布置。同时，他要注重拓展学生的听力学习范围，布置恰当的听力拓展作业，如观看富士电视台、日剧、运用 NIK 网站进行听力训练等。

④开展多元的教学评价：针对相应的听力测评结果，选取各种评价方式进行听力学习成果评价其中，不仅要包含过程性的课堂学习评价，还要开展课外学习方面的评价，具体的评价方式可以是自评，也可以是基于观察的互评。此外，在进行课外学习评价时，要注重运用模仿、翻译、听写等手段，检验学习成果。

（二）提示型教学法

不同于任务型教学法，提示型教学法更注重于为学生留足听力学习空间，主张运用引导的方式鼓励学生进行听力学习推敲，开展细致化的教学，是一种可以追溯学习记忆来加深学习印象的教学方式。

提示型日语听力教学法，具体的操作步骤为：①听写材料介绍，主张运用文献、视频、图片等途径，将听力相关的材料内容展示给学生。②播放一遍听力材料，让学习者将听力材料中的重点内容与词汇进行记录。③分组开展录音内容推测，将个人听到的录音片段与其他小组成员进行汇总，统合听力内容。④小组代表复述听力会话内容，选取一个代表将各个小组听到的完整听力内容进行复述。

提示型日语听力教学法的学习成效，在很大程度上受到学习者既有知识的影响，要求学习者具备良好的听力学习基础。同时，这种教学方法还可以有效优派学习者的日语推测能力，将分散化的知识点转化为连贯性的日语表达学习。

（三）情境教学法

1. 情境教学法的定义

这种日语听力教学法，本质上是一种视听教学法，主张运用多元的教学工具进行课堂情境创设，有效融合教与学、抽象思维与具象思维、情感与认知，以此激发学习者的日语学习创造性、主动性与积极性，这种教学方式改变了学生被动接受教学的局面。值得注意的是，"身临其境"是这种教学方式的精髓。日语教师创设情境能力的高低，直接影响情境教学法的成效。

2. 日语听力情境创设方法

情境教学法的精髓在于创设活灵活现的学习情境，教师可以尝试从以下几个维度，开展听力学习情境建设。

（1）构筑生活化的日语听力情境。

语言来源于生活，日语亦是如此。因此，日语教师可以教日语听力课堂看作一个名理化的日语交际社会，综合运用各种生活化的听力素材，构筑切合实际的听力学习情境，让学生从点滴生活中感受、认知、记忆与思考日语听力知识，提高日语理解能力。

（2）构筑游戏化的日语听力情境。

创建生动有趣的游戏化情境，通过运用各种语言学习小游戏，将听力教学内容与课堂游戏进行有机结合，能够有效激发学习者的日语学习动力。同时，还可以构筑愉悦轻松的日语听力氛围，引导学生主动参与听力学习，充分激发学习者的主体作用。

（3）构筑情感化的日语听力情境。

构筑情境课堂的最高境界，在于"以情育情"。只有构筑情感化的日语听力教学情境，才能帮助学生保持良好的心理状态，让学生在用心倾听的基础上提升听力理解能力，这需要教师谨慎选取日语听力学习媒介，充分调动学习者的学习情绪。

（4）使用多媒体创设日语听力教学情境。

得益于教学技术的进步，多媒体已经普遍运用于日语教学之中。因此，日语听力教师可以灵活运用多媒体，将书面化的听力材料与生动的多媒体影像、动画、图像、音频有机结合，创设行、色、音为一体的听力学习情境，教育听力教学立体化、丰富化、真实化。

（5）基于角色扮演的听力教学情境创设。

当教师不具备充足的情境创设资源时，可以考虑通过日语听力对话模拟的方式，引导学生进入日语听力学习情境之中，开展针对性的日语训练，这种教学方式需要学习者先具备良好的听力内容理解基础，还需要具备较好的日语语法能力、语用能力。

综上所述，日语听力情境教学法程度上打破了唯智主义对日语听力学习的束缚，为学生营造了良好的听力学习氛围，有效提高了日语听力教学的质量。

（四）直接教学法

1. 直接教学法的特点

在直接教学法中，日语听力教师只使用一种课堂语言——日语，侧重于进行日语句型讲述，并要求日语学习者针对某种特定的句型或句式结构，开展反复性的模仿训练，达成熟能生巧化的日语听力学习。

2. 直接教学法的实施要点

在日语听力直接教学实践中，要注重三个方面的内容：其一，为学习者提供丰富的日语语料与范例。通过持续性的日语听力语料输出，让学生在潜移默化的听力学习中逐渐归纳出日语文法，掌握相应的语法语感。其二，不进行具体的日语文法课堂教学。这种教学方式，要求学生自然而然的掌握日语语法与语用意义，主张不进行规则化的听力教学，以免束缚学生的学习思维，而要通过间接化的引导输出，促进学生日语听力知识的自动转化，引导日语学生将所学知识内化为可用的自由资源。其三，要注重开展日语词汇讲授，尤其是对单个词汇意义与用法的讲授，主张为学生构筑个体化的"日语字库"。此外，教师还要着重关注学生单个词汇在完整句式中的运用情况。

（五）交际教学法

1. 交际教学法概述

这种教学方式又被称为"功能法""意念法"，也被统称为"意念—功能法"。实际上，这是一种语言功能项目为纲领，培育学习者特定日语交际能力的听力教学体系，这种方式十分注重实际化的交际表达教学。

2. 交际教学法实践要领

在日语教学中，运用交际教学法要遵循一定的实践要领。其一，要将培育交际功能作为语言学习的根本宗旨，不仅要关注学生创造性交际能力的培养，还要注重语用得体性的教学。其二，要注重开展教计划的教学活动，选取自然真实的听力材料开展听力教学。其三，要注重运用学生感兴趣的话题，设置基本的话语教学单位，开展连贯性的通篇语用教学。其四，在听力技能训练中，要将综合性训练作为主要的训练手段，适度使用单项技能训练法。其五，要具备一定的学习容错空间，适度容忍不影响交际的语用错误。其六，要构筑以学生为中心的交际课堂，严格遵循学以致用的原则。其七，要与情境教学进行有机结合，构筑真实多元的交际氛围。

（六）其他交际日语听解能力培育方法

1. 一次性听解方法

所有的交际对话都具备一定的瞬时性，对话内容往往是一次性的，很难进行二次重播或复听。这使得日语学习者在听取对话内容时，不仅要接收新的信息，还要对旧的信息进行整理与记忆，只有这样才能理解对话者所表达的内容。在此情况下，日语学习者的听力信息捕捉与储存能力，就显得尤为重要。在听力教学中，教师要尽量选取符合学生认知阶段的听力材料进行单次的播放，以此达成相应的听解能力培养目的，同时还是要采取一定的教学方法，进行单次听解训练。

2. 听音会意方法

在精准辨音的基础上，正确理解日语对话的意思，就是听音会意。在日语交际中，不同的对话者可能处于不同的年龄阶段，有着不同的社会身份与地位，也会有各自特色的语言行为习惯。因此，日语交际者需要具备一定的听音会意能力，从具体的对话特征中发现对话人的年龄层次、性别情况、定区口音等信息。

首先，日语教师开展针对性的辨音信息提取训练，收集代表性的日语对话辨音材料，让学生通过倾听，辨别对话人的特征，找出隐含在日语对话中的深层内容，抓取对话中快乐的关键信息。

其次，日语教师要开展行之有效的听音会意基础知识传授，将日语对话中可能出现的语言文化、语言知识等内容，持续传输给学生，让学生具备良好的日语文化积累，有扎实的日语知识功底，并在对话听取中进行有效运用，提取自己需要的对话信息，理解对话者所表达的深层含义。此外，日语教师还要采取泛听与精听相结合的听音会意训练，让学生适应各种各样的交际对话氛围，使学生的语句理解力不受交际对话内容的影响。

二、交际日语口语教学方法

日语口语会话能力是跨文化日语交际人才必备的基础技能之一。简单说，就是要具备能够说日语的能力。相较于听力学习，日语会话教学不再是被动的，而是学生一种主动派的言语活动，是学生摆脱教学分析与翻译后，运用日语进行思想表述的一种技能。因此，在对话教学中日语学习者具备较高的主动性，其语言组织与创造空间也更大。

（一）交际日语口语教学要点

1. 让学生自信地进行日语表述

在日语学习之处，有许多日语学习者因不具备良好的语言基础能力，很害怕开口进行日语表述。时常会担心自己的语调、语流、发音不标准，害怕语言表述上的错误，很少有学习者会是主动运用不熟练的日语进行表达。然而，只有开口进行表述，才能知道学生具体的日语表达能力发展情况，才可以有效抑制书面日语不正当使用的现象。因此，日语教师在日语会话教学初期，要将教学侧重点却认为"让学生自信地开口说日语"，帮助学生树立日语表达上的信心，运用趣味化的日语对话游戏，激发学生的对话积极性，将日语表述常态化。

2. 避免出现母语翻译的现象

跨文化环境下的日语学习者，往往习惯于将自身所要表述的内容在心里先运用母语"打好草稿"，然后再将其翻译为日语。但是，这种方式是不可取的。这不仅会使得语言表述不合理，降低了对话的效率，还会阻碍学生形成正确的日语表述思维，引发中日对话思维混淆的现象。教师在进行会话教学时，要着重关注这一现象，引导学生直接进行日语表述，不要进行母语翻译式的日语表达，让学生明确汉语是日语表述的不良影响，培养正确的日语表述思维方式。

3. 帮助学生提高表达流畅度与语速

造成学生日语表达不畅的原因有很多，其中之一就是上文提到的母语思维，另外一个比较突出的因素是缺失了具体的语速练习，使得学生具体的口腔发音器官存在一定的不协调性。针对这些问题，日语教师要注重开展口语训练，日语表达训练，让学生的口腔习惯日语表述时的肌肉运动频率。若学生出现日语表述逻辑性低、语言组织能力弱、语速慢的现象，要加强学生在无主题谈话方面的训练，激发学生的日语思维转换行为。值得注意的是，无论日语水平多么高超的交际对话者，都可能会出现一定的对话思维空白情况，要是要在对话语速训练的同时，给学生灌输一定的日语交际尴尬化解技巧，用灵活幽默的方式去因处理对话卡壳而出现的交际空白，提高整体的对话表达流畅度。

4. 兼顾学生会话表达中的内容与形式

在日语会话教学中，不仅要关注外在的对话表达形式，还是要关注学生内在的会话表述内容。一方面，要着重关注学生外在的语言表述形式，如：语音语调、语法应用情况、词汇使用情况等。另一方面，要关注学生对话中潜在的逻辑性，对学习者所传达的绘画内容进行逻辑分析，及时找出学生表述中存在的内在逻辑缺失性，引导学生运用正确的语句内容，达成总体句式上的逻辑完整，让孤立的对话语句串联起来，使对话不再显得生硬刻板，让听取对话的人能够很清晰地抓取将所要表达的核心话题内容，做到日语会话表述有重点、合乎逻辑。

5. 通过有声表达强化学生的语言思维能力

研究结果显示，成年人有默读的学习习惯，当其面临口头表达时，其语言思维情况就会受到相应的影响。而在默读状态下，成年人往往能够清晰地进行语言表述思维推理与判断活动，这种活动能力会因为发声表达而有所下降。因此，日语教师要依据具体的学习者特征，开展针对性的有声表达训练。通过持续化的有声表达训练，唤醒与锻炼成年学生有声表达状态下的思维活动能力，降低默读习惯对日语交际表达的影响。

（二）日语教学中的口语表达特征

著名的荷兰语言学家莱沃尔特曾说过：任何一种语言的组织与表达，都需要经历一个动态化的过程，即"概念构思→组织语言→发出声音→自我监控"，日语口语亦是如此，它也需要一个思维、组织、生成的过程。通常来说，日语学习者在不同阶段的表达，有着不同的特征。接下来，将结合具体的日语口语教学阶段，从口语组织、日语口述、口语生成三个维度分别讲述日语口语教学的阶段特征。

1. 日语口语组织阶段的特征

在口语组织阶段，学习者往往要进行语言概念构思活动、语言组织活动、发声表述活动与自我监控活动。这时，说话者就要理清自己要表述的内容、表达的目的以及表达的方式。若日语学习者不能成功进行语言概念构思，就会出现无言以对、找不到话题的情况。目前，国内日语教学中普遍存在"哑巴外语"的现象，这在很大程度上是由于学习者无法完成概念构思引发。很多日语专业学生来到具体的日语交际场合后，往往会出现无话可说的情况，他们不知道自己应该在交际场合里说什么、怎样说。

在组织语言时，说话人还要依据具体的口语表达目的，选取恰当的语言材料进行话语组织，这些语言材料可能包含句子、短语、单词、交际事例、语音语调等内容。若日语表达者不具备良好的语言组织能力，就会出现词不达意的情况，更有甚者会因为语无伦次引发交际尴尬的情况。日语教师在口语教学中，很有可能会碰到学生无法完成概念构思的情况，这时就需要教师根据日语语言特征与学生的表述内容，进行相应的引导。

当学生完成语言组织后，就需要充分调动自身的发音器官，将所组织的内容运用一定的语音语调进行表达。在这时，教师要更关注学生语音语调上的准确性、口语表达上的逻辑性与清晰性，避免出现怪声怪调的现象。

在学生完成日语口语表述后，就来到了自我监控阶段。这里的自我监控是指：日语表达者在完成口语表述后，再进行相应的表达反思，对已经生成的语言进行思考、修正与调整，持续提高自身的日语口语表述能力。在这个阶段，教师要特别关注两种失败的自我监控表现，一是过度化的自我监控；二是自我监控的缺失。这两种失败的自我监控表现，会对学生日语口语表达水平的提升造成一定的阻碍，前者会出现过度化的自我语言表述干预现象，让学生陷入自我怀疑，打击他们的语言表述积极性；后者会出现盲目进行口语表达，不注重日语口语表达纠错与调整的情况，也不利于学生口语表述能力的提高。

2. 日语口述阶段的特征

在日语口述阶段，口述表达情况往往容易受到交际情景的影响，具备明显的情景性特征。而日语口述情景特征又可以分为：即时性、面述性与相互性。

首先，日语口述具备即时性特征，也就是通常所说的瞬时性，口语表达往往是在极短的时间段内完成的，无法在事先进行预知或准备，也不能在说完后进行重播或二次更改。其次，口述往往是面对面的，交际双方是在同一空间进行对面化的表达。此外，在日语交际中沟通是相互的，交际双方在口语表达中一般具备同等的交际参与度，拥有同样的语言生成权利，并依靠一定的交际互动来推动口头表述的延续。

正由于日语口述具备一定的情景特征，日语口语也最能体现交际者的语言交际本质。教师想要提高学生的日语口语表达能力与口述交际能力，都需要进行针对性的口述训练。

3. 日语口语生成后的语言特征

在日语口语完全生成以后，日语学习者的口语表述可能并不尽善尽美，会存在或多或少的语言缺陷。这些缺陷可能表现为：句子成分残缺、重要内容省略、多次停顿或重复、用语不够日常化、表达精确度不高、句子结构简陋、句式短小等。可见，日语口语生成后最大的语言特征就是具备很大的自我纠正空间。针对这一特点，与教师要在口语教学中设置相应的口语纠错环节，依靠口语表达纠错教学，帮助学生持续提高语言输出的流利性、精确性与完整性，让学生积累有用的日语口语句型与词汇，以此带动学生口语表述能力的持续提高。

（三）日语学生口语思维能力培育方法

从整体的语言表达能力提升过程来看，养成良好的语言表述能力是以语言知识的熟练性与丰富度为前提的，在此基础上还需要运用具体的非语言交际手段进行辅助。这样，才能使日语学习者具备良好的语言表达能力。

通俗来讲，日语使用过程中的思考，就是日语思维。在日语教学中，日语思维由日语语言推理、判断、思维概念等具体的内容构成，包含了语言表达综合、比较、推理、分析等思维环节。从日语对话角度上来看，思维表述的形式主要有两种，一种是书面表达，也就是通常所说的写作表达；另一种则是口头表达，也就是常见的日语会话。

在日语学习者学习初级，教师就需要开展有计划的日语思维能力培养工作，持续训练学生的语言表达思维能力。在这时，学习者所具备的日语语言知识以及日本文化了解程度具备一定的浅显性，能够运用的语言表达材料十分有限，学生并不具备系统完整的寓意思维能力。因此，教师需要通过翻译训练的形式，来达成日语会话思维培养的目的，持续激发与培育学生的日语表述思维。具体而言，教师可以采取以下途径，培养学生的日语口语表述思维能力。

1."背诵＋复叙"练习

这种练习方式，也被称为背说练习，是日语口语最初级的训练方式。通过背诵，日语学生能够或浅或深地了解日语文段中的词汇形态、文段位置与大致文意。开展背诵基础上的背说练习，可以帮助学生将表达注意力集中于复述内容的内在逻辑上。

在日语背说练习中，教师需要注意以下几个方面的内容：①不应该将背诵训练等同于熟练的背诵，还应该关注学生能否运用自我语言进行背诵内容的转述，以此增强学生对文章作品的感知程度，让学生深刻体会作者在文章中所传达的情感与思想。②背说练习不应更改原文，最为关键的内容与观点，更不能背离作者所表述的中心思想。③要求学生保持背说练习的连贯性，尽量不要做非必要的停顿，避免表述卡壳的现象。

此外，教师还要着重关注学生背说练习过程中的语言思维方式，尽量杜绝母语思维在日语文章内容复述中的运用。当学生出现背说卡顿的情况时，教师可以给学生出示相应的引导图片、关键词或文章提纲，帮助学生更好地进行原文回忆。若学生在提醒下仍无法回忆原文内容，再进行原文翻看与重新背诵。

2. 看图说话式日语表述训练

对于日语表达来说，除了语言材料理解的困难之外，语言构思也是学生面临的重要表达难题。若学生的日语表达不能做到言之有物，是无法达成语言思维能力培养的。所以，教师可以通过图片的形式，为学生提供点拨性的语言材料，通过看图说话的形式，持续训练学生的日语思维能力。

首先，教师要准备充足的日语看图说话材料。在选取看图说话语言素材时，教师要综合考量所教学生的日语学习阶段，针对初级阶段的日语学习者选取常见的简单性看图材料，例如，可以设置学生生活中常见的物体图片来进行物体名词表述训练，如杯子、门窗、毛巾、窗帘、墙壁等物体的图片，就是很好地进行名词，口语训练素材；还可以选取地图上的方位指向标，进行方位名词的训练。此外，当看图说话进行到一定阶段后，还要将常用的日语交际词汇，如是否、存在、有无等进行相应的看图说话训练。当学习者来到日语学习中后期时，则要选取一些具备内涵思想的看图说话材料，让学生不仅学会描述表象的画面，还要将图画所蕴含的深层思想与观点进行清晰表述。

其次，要开展反复性的看图说话训练。教师选取的看图说话材料，虽然是单个的画面，但却可以从不同的语言逻辑角度进行表述。不同学生在进行同一图片的看图说话训练时，所关注的表达重点、中心语与语言顺序可能存在一些区别。例如，当学生需要描述一张教室布置图时，有的学生可能会先抓取讲台位置的事物进行描述，再描述讲台下方的事物；而有的学生可能会先描述假弹下的桌椅墙壁等装饰，在系统描述讲台上的布置。针对这些情况，教师可以规定相应的会话表述侧重点，将同一图片的表述中心确认为不同的物体，如第一次确认话题中心为黑板；第二次将桌椅作为主要描述的对象；第三次训练将教室中的人物作为重点的描述对象。这样，不仅可以降低教师收集看图说话材料的压力，还能通过一图多用让学生掌握不同的语言表述思维方式，形成辩证性的日语语言思维习惯。

3. 日语仿说训练

研究发现，开展听说结合的日语表述训练，能够带动日语学习者语言听解能力、思维能力与记忆能力的同步提升，还可以帮助学生形成交际对话反应能力，提高交际效率。在进行日语仿说训练时，要从以下几个方面着手。

首先，要求学生跟上语言表述思路，并兼顾发音上的精准性。在日语仿说训练中，学习者不仅要运用正确的发音快速准确地重复对话内容，还要清晰地把控语音的对话逻辑，理解说话人的语言表达思路。

虽然，音频的语速与语调可能会因人或因材料而有所差异，但日语内在的语言思维方式却是有迹可循的。因此，当学生出现个别词句仿说不连贯或不完整的情况时，教师不必刻意打断学生的仿说练习，只要总体思路正确仿说训练就是有效的，可以一直进行下去。

不同阶段的日语仿说训练，其完整度要求也要有所区分。前期的训练不必追求过高的语句表述完整度，到了中后期，就要要求学习者尽可能完整准确地进行音频复述，精准地模仿说话者的语音语调，对说话者所运用的语法了然于胸。例如，在仿说初期，主要锻炼学生听与说的能力，只要学生听得较为准确，并有助于开口诉说，就算是合格的，这时学生也可以采取相应的辅助性材料，看着音频文本进行仿说。到了中后期，仿说的难度就要进一步提高，可以对中期的仿说练习者提供一定的提示材料，如仿说关键词、文本提纲等。学习者具备熟练的仿说技能后，要求仿说者完全脱离文本或外物的提示，开展完整连贯的仿说训练，逐步提高其日语口语表述上的连贯性，以此来锻炼学生的日语表达思维。

当学生能够熟练连贯的进行仿说练习后，就需要进一步加大仿说练习难度，要求学习者依靠具体的语言逻辑与说话者语音语调，模仿并示范，相应的说话人表情、神态与语气，将语言仿说与非语言行为练习进行有机结合，持续强化学生的日语语感。这时，教师要尽量选取视频录像进行日语口语模仿训练，让学生深刻观察说话人的非语言肢体行为，感受对话中没有传达出的深层语言寓意与所省略的语言内容。

三、日语阅读教学方法

（一）由点到面地开展阅读教学

这种教学方式，也被称为四环节阅读方法，具体包含：材料精读、提纲撰写、初步背诵与持续强化四个阶段。这一方式，能够有效压缩学生的阅读记忆范围，依靠阅读技巧的运用，持续提高学生的阅读效率，是公认的高效阅读方式。但是，这种阅读方式往往适用于新知识的阅读学习，尤其是需要学习者理解记忆的阅读材料学习中。

1. 材料精读阶段

这一阶段，教师需要在教学中带领学习者有效认知阅读内容，开展详细科学的阅读教学，帮助学习者掌控阅读的核心内容。同时，还需要依据具体的阅读材料类型、分量，划分出不同的阅读难点、重点与要点，找出不同阅读材料之间的潜在联系，帮助学生构筑一个独立完整的阅读学习知识网。

在精读阶段，教师需要关注以下几个方面的内容：其一，要着重关注文章中出现的指示代词与连续词，帮助学生理清文段间、上下文间、句与句间的潜在关联。其二，当出现陌生的语法现象或词汇时，要鼓励学生运用工具书进行词义理解，弄清具体的语法现象，及时提问。其三，若所选取的阅读材料使学生很少接触到，就需要先运用汉语材料进行辅助性阅读准备，再将学生较为陌生的日文材料发放到学生手中。此外，教师还可以综合运用中心词提取、重点词汇划线等方法，帮助学生进行文章核心句子标注，在此基础上更好地把握作者所要传达的文章思想，形成连贯完整的通篇阅读。

2. 提纲编写阶段

撰写提纲时，教师的主要任务是带领日语学习者进行阅读内容筛选、归类概括、大意总结、语言重组，在把握材料性质的基础上，用自己的方式进行日语表述，并将具体内容罗列为提纲。

提纲编写的过程，也是日语学习者，持续完善阅读逻辑，深入理解文意的过程。而在提纲编写过程中，教师要采取"6 个 W"的提问方法。这 6 个 W 分别是 How、Why、Who、What、Where、When，也就是文章中所包含的事件过程、事件原因、主人公、指向、地点与时间。换言之，在撰写提纲时需要对一些内容进行特别标注：其一，与时间相关的数字信息。其二，文章所传达的具体问题，事件的起因；其三，文章主体内容；其四，作者所持的观点与态度，以及学习者是否认可这一观点，如何看待文章思想；其五，整体归纳事件的起因、经过与结果。

　　一般来说，日文材料中所出现的标题、段前段后句往往蕴涵着十分关键的信息。教师需要提醒学生关注相应的文本内容，在此基础上更好地提取文章大意，完成提纲撰写。此外，教师还可以将阅读提纲撰写同写作具体的提纲编写教学，进行有机结合，构筑一体化的综合性阅读写作课堂。

　　3. 初步背诵阶段

　　这一阶段也被称为尝试背诵阶段。在这时，日语学习者的主要任务是依据自己所撰写的提纲，反复进行文章回忆，达成背诵记忆的效果。若学习者出现无法依据提供叙述文本内容的情况，就需要再次找出原文材料进行对照分析，并罗列出薄弱的文章记忆环节进行有效反馈。这在很大程度上，也是将日语文本内容通过阅读背诵的方式，转化为自主化口语表达内容的过程。

　　这一阶段的尝试背诵，有别于传统意义上的全文背诵，其关键并不在于一字不落地进行阅读文本背诵，而是理清具体的文本主题与脉络。在此基础上，进一步推动阅读者形成有效的文本理解记忆，形成长期化的文本记忆，增强日语学习者的日语语感。

　　4. 有效强化阶段

　　这一阶段也被称为持续强化阶段，是指学生通过核心化的文本内容，如核心概念、文章内涵、文本大意等，进一步进行文本提纲简化，形成压缩版的文本提纲。也就是说，这时的提纲不再包含内容解释，而是被囊括为几个关键性的字词或概念。这一阶段，主要是为了让学习者重复记忆阅读文本，以此达成长久记忆的目的，提高阅读成效。

（二）阅读提速方法

　　受语言材料熟练度的影响，不同学习者的日语文本阅读习惯有所区别，具体的阅读速度也会有很大的差异。但所有阅读行为都是为了更好地理解文本内容，达成阅读知识内化，将汲取的知识进行流利的交际输出。日语教师要在阅读理解的基础上，构筑高效化的日语阅读课堂，运用各种教学方法逐渐提高学生的日语阅读速度。

　　首先，教师要找出阻碍学生阅读速度提高的具体因素。一般来说，影响学生阅读速率的元素包含：学生的阅读基础，如具体的词汇量、阅读材料涉猎情况等；学生的阅读习惯，阅读专注度；阅读目的是否明确，能否依据具体的阅读目的进行阅读速度调整；默读中学生的文本字数浏览情况。

　　综上所述，若学生阅读速率无法提升的原因是文化背景与语言基础因素，那么教师就需要综合运用精读训练的方式，给学生提供丰富的日语学习资料，训练学生的阅读能力，培养良好的阅读习惯，帮助学生逐渐克服日语阅读中存在的难题，从本质上提高学生的日语阅读速率。此外，教师还可以采取定时训练的方式，针对不同阅读速率的学生，规定一定的阅读篇幅与阅读时间，帮助其完成阅读训练，通过可视化的阅读速度训练，逐渐压缩学生的阅读时间。

（三）日语阅读理解能力优化方法

　　只有学习者充分理解了日语语言材料，才具备了开展综合性阅读与分析性阅读的前提基础。在日语学习者阅读能力提升过程中，学习者的日语基础、社会经济文化背景了解程度、个体性格与兴趣、生理条件与智力水平等，都会影响具体的阅读理解程度。虽然，这些主观性的因素会对学生的阅读造成一定的影响。但是，这些影响并不是不可消除的，教师可以通过科学的阅读训练，持续激发学习者的阅读潜能，依靠程序化、步骤化的阅读教学，培养良好的阅读习惯，将行之有效的日语阅读技巧传授给学习者，帮助其达成阅读理解能力的提升。具体来说，教师可以采取以下方式，提高学习者对日语文本的理解程度。

1. 精确选择阅读材料

　　教师在选取阅读材料时，要考虑个体学习者的阅读理解能力发展层次，依靠差异化的方法，分层选取阅读材料，为阅读理解能力较低的学生，选取日常生活中常见的与理解的阅读材料；为阅读理解能力较高的学生，选取议论性、热点性的社会评议文章，逐步提高其阅读思维水平，培养思辨化的阅读理解习惯。同时，教师在选取材料时，还要充分考量学习者的阅读兴趣，选取学生感兴趣的阅读内容，以此提高学生的阅读积极性，降低主观情绪因素对阅读理解的阻碍。当学生出现无法理解阅读中的复杂句型、生词等情况时，教师要帮助学生运用各种工具书籍，达成有效的阅读理解，还可以将词义推测方法传授给学生，让学生根据上下文的语义，推测出复杂句式或生词的具体含义，达成逻辑理解。要特别注意的是，在整个材料选取过程中，教师还要充分考量学习者的阅读思维空间，不能选取没有实际阅读意义的文章，而应该选取能够调动学习者阅读思维、给足学习者阅读思维空间的文章，鼓励学习者在阅读过程中多思考、多交流，学会运用合作化的阅读方式。

2. 做好阅读准备

日语教师要带领学生做好充足的读前准备，这种准备不仅是指具备基础的阅读技能与知识，还指学会依照科学的规律开展阅读。任何日文书籍都有一定的阅读逻辑，需要按照作者书写的顺序，从书本的序、目录读起。首先，教师要给学生灌输按规律进行阅读的思想，主张学习者按照作者的编写思路，从头到尾进行阅读，尽量不要出现挑着看或跳章的行为，避免读后出现片面理解或文体内容衔接不上的情况。其次，照需要这样必要的阅读写作背景知识传授给学生，这些知识可能是所写阅读材料的作者经历、写作目的、写作特点、社会背景等内容。然后，教师要带领学生研读书本的目录，从目录上理清总体的作品框架，为学生建立一个整体的阅读思路，让学生带着具体的写作框架，条理清晰地进行阅读，更好地理解作品所表述的中心内容与文章思想。要特别注意的是，若教师为学生选择的读物是"他人所做的序"，还是要在准备阶段穿插入其他学者对该作品的评价与见解，为学生提供有参考价值的阅读观点，以此提高学生对作品内容的理解度。

3. 激发阅读兴趣

跨文化环境下的日文阅读，存在一定的难度与枯燥性，需要教师充分激发学习者的阅读兴趣。一方面，教师要尽量选取学生感兴趣的阅读材料，带动学生的阅读积极性，让学生带着兴趣去阅读日文文章。另一方面，教师要充分发挥阅读督促作用，为学生设定相应的阅读目标、任务与时间，以此激发阅读学情的紧迫感，让学生将注意力集中在日文阅读中，从被动督促逐渐转变到主动阅读，提高学生阅读学习的成效。此外，教师还可以选取社会热点性或诙谐幽默的典型日文文章，让学生通过日文理解到更有趣的世界，激发学生的阅读好奇，从而乐于进行日文阅读。

4. 阅读形式多元化

当下的日文阅读教学中，还是以默读的方式为主。虽然，这种方式能够帮助已经形成默读习惯的学生更好地进行阅读材料理解与思考。但是，并不能推动学生通过阅读积累必要的跨文化交际经验，更无法开展读说结合的跨文化交际阅读教学工作。而且，这种阅读方式还容易受到学生个体主观因素的影响，若教师不进行相应的监督与时间干预，部分学生可能因阅读时长过于宽松而出现自制力不足引发的注意力分散、阅读停顿等现象。在此情况下，是需要充分采取多元的阅读形式，引导学生进行科学合理的阅读学习，教师可以引入小组合作阅读讨论、读后感演讲比赛、读后提问等方式，开展多元的阅读活动，依靠这些活动将具体的学习目标进行明确。教师也要多开展读书结合的日文阅读教学活动，通过诵读与默读相结合的方式，全面锻炼学生的阅读思维，让学生更好地累积日语交际的经验与素材。

5. 鼓励学生使用阅读工具

日文阅读中难免出现复杂句型或学生并不认识的词汇。针对这些现象，教师要提醒学生学会运用各种各样的工具，顺利完成日文阅读。具体的工具类别，则需要依据学生所选取的阅读内容、阅读目的来进行确认。让学生在进行作品精读，就需要多使用诸如词典、线上引擎解锁等工具，弄清楚细节化的文本内容。但学生在进行泛读时，就要尽量压减阅读时间，避免将时间花费在查询上。当然，这并不意味着泛读不需要使用相应的阅读工具，若所需要查询的内容是与文章主旨、中心思想紧密联系的词句或语法，就需要运用工具进行检索了解。

工具书的选择与应用，也存在一个由浅入深、循序渐进的过程。在运用初期，学习者可能无法迅速正确选取恰当的工具进行内容查找，这就需要教师将具体的工具确认方式传授给学生，让学生逐渐掌握工具的选择技巧，更好地完成阅读。在工具书的选取上，部分有条件的学生可以多购买汉日或日汉词典，也可以尝试使用原版《小学馆国语词典》等专业性的工具书。针对日语学习后期的学生，教师可以建议他们使用专业的原版工具书，如《广辞苑》《新明解国语词典》等，针对词典中出现的生词可以通过查询汉日词典进行理解。

信息化的持续性，也带动了线上图书的持续发展。目前，有许多汉语学习相关的工具书已经开发了线上的版本，再加上搜索引擎的持续完善，学生可选择的线上阅读查询工具十分丰富。相较于线下词典查询的流程化与复杂性，线上查询可以通过疫情迅速准确查找到所需要的内容，因此教师要多鼓励学生进行线上查询，有效提高阅读的速率。当然，也要鼓励学生多进行阅读思考，不能一遇到问题就进行线上查询，而是应在思考过后再进行线上工具应用。只有这样，才能避免学生出现过度依赖电子查询的现象，规避学生阅读主观能动性的降低。

6. 建设配套的阅读激励机制

激励机制对于阅读学习来说十分重要。只有在学生阅读的过程中，给予及时真诚的肯定与激励，才能有效缓解学生因阅读任务过重而产生的压力，让学生重新树立日文阅读的信息与兴趣。日语教师要针对具体的阅读任务，设置针对性的阅读鼓励与表扬环节，及时肯定学生的阅读进步，为阅读任务完成良好的学生，提供趣味化的书签进行鼓励，激发学生的阅读自信心，树立战胜阅读困难的勇气，形成良好的阅读习惯。

四、日语写作教学方法

（一）日语写作教学要点

要有效培养学生的日语上面写作能力，就需要抓住写作教学的关键之处，开展针对性的教学。一般来说，日语写作教学的要点，主要包含 4 个方面的内容：

①巩固学生的语言知识基础。在书写中运用文字进行有效的思想传达，就需要学生具备基础性的语言知识与日语技能。教学中需要特别关注学生的词汇量、语法规则准确性等基础的语言知识应用情况。

②正确区分日语口语体与文章体。对于日语写作来说，其所运用的是文章体以及相配套的语法词汇体系，这就需要学生在写作学习中有效区分书面语与口头语之间的日语表达差异，掌握常见的书面语句式、表达形式、符号运用规则、语法规则等内容。

③用日语表达思维，进行文章构思。这需要学习者摆脱母语思维模式，掌握日语写作的具体思维方式，养成用日语思维进行写作思考的习惯。

④要做到言之有物。这是所有写作教学的通信要求，只有言之有物才能确保文章写作的质量，帮助学生达成写作训练的具体目的，避免写作教学不偏离主题，让学生在写作学习中持续获得进步。

（二）日语写作能力培养方法

1. 优化语言规则运用能力

语言规则是指语法、词汇等写作基础知识的运用法则。只有掌握基础性的语言规则，才能将单一的词汇按照语法规律累积成流畅的文章。

首先，日语教师要开展分步骤、分阶段的写作训练。文章写作能力的培养，并不是日语学习高级阶段才存在的任务，而是整个日语学习中需要持续落实的培养内容。在日语学习初期，教师要为学习设置贴合学生日语水平的句式写作训练内容，依靠短文、短句的编写，让学生学习与熟悉基础的语言知识运用规则，正确认知基础日语词汇的写作运用方式，培养学生符合语法的日语句式表达能力。到了日语学习中后期，教师就可以进一步提高写作训练的难度，由句式训练逐渐过渡为通篇的文章写作训练，逐步提高学生基础语言规则上的思想表达能力，持续提高学生语言表达的准确性与正确度。

2. 写作练习形式多元化

开展单一的文章写作练习，并不能有效满足学生写作能力均衡发展的需求。因此，教师要采取多种多样的写作训练方式，依靠多种形式进行日语写作练习。例如，教师可以仿照英文写作练习习题，设置相似的日文写作命题短文、造句题目、完形填空写作训练题、看图写话、汉译日练习等写作题型，全面培养学生的写作思维转换能力，让学生具备良好的写作表达能力，提高学生写作表达的灵活性，并通过反复的题型训练，逐步增强学生日语语法规则使用的自然性、准确性与灵活性。

3. 注重开展文章修改教学

书面写作中学生具备一定的思考与修改空间。教师要抓取这一特征，开展针对性的文章检查与修改教学，让学生在完成文章写作后，运用基础性的词汇或语法规则，从修辞运用、文章逻辑、表达流畅度等角度进行文章检查。同时，教师还可以引导学生在写作过程中，充分引入自我修改或他人修改的方式，自行检查文章并进行修改，或邀请他人评价自身的文章内容，及时指出文章写作中存在的语言规则错误之处，并进行相应的改进。还可以通过小组文章写作互评的方式，为学生营造一种积极进行文章修改的学习氛围，让学生养成写作检查修改的好习惯。

4. 日语写作表达能力优化方法

对跨文化环境下的学生来说，其母语写作能力也会在一定程度上影响日语写作能力，若学生具备较高的母语写作水平，其具体的日语写作构思能力、灵感捕捉能力、解题能力也会更好。虽然，这种能力会受到外语思维的影响，按其具体的写作能力优势仍然存在，日语教师要采取一定的方法，培养学生的写作表达能力。

其一，日语教师要培养学生的破题能力。在日语写作命题中，有两种主要的命题形式，即自选题目与给定题目。但无论是哪种命题形式，都需要学生具备一定的破题能力，也就是通常所说的解题写作能力。针对给定题目的日语写作，教师要先带领学生分析具体的题目内容，找出关键性的题目信息，综合题目的指向与关键信息，收集相应的写作素材，将题目要求与个人经历、已学的日语写作知识进行有效关联，写出具备个人特色的、独树一帜的日语文章。面对自选题目的日文写作，教师要要求学生从自身熟悉或感兴趣的领域入手，选取符合题目范围的写作题材。同时，还要让学生注意不能选取过于宽泛的题目类型，避免范围过大引发的泛泛而谈，而要明确具体的写作目的，选取选能够写好的题目类型。

其二，优化写作灵感捕捉与构思能力。写作构思是酝酿灵感、开展写作思考的活动。这一过程往往需要进行相应的写作灵感捕捉，也就是从写作题目中抓取关键性的写作信息，进行写作联想，发现具体的写作解决方法。当然，这种灵感与构思能力并不是与生俱来，往往受到学生个人经历与语言知识累积的影响。一方面，教师要注重帮助学生累积持续性的写作经验与素材知识；另一方面，教师要将捕捉写作灵感的具体技巧传授给学生，提高学生的文章构思能力。

其三，运用图解法进行文章素材选取。在日语写作中，当学生确定具体的写作命题后，就需要进行相应的素材选取。这时，教师可以将图解法传授给学生，是一种运用数学结构图，围绕写作主题与中心思想，进行素材罗列的方式。能够帮助学生理清大致的写作文本脉络，选取更切合中心思想的写作素材。

其四，要帮助学生弄清关键性的写作要素。这些写作要素包含"如何写""为什么写""写什么""文章地点""时间""主人公"等内容。只有弄清楚这些要素在文章中的体现情况，才有可能写出更符合主题的，并具备一定阅读深度的文章。当然，并不是所有文章都要具备以上所有的要素，当文章的体裁并不需要突出某些要素时，学生就需要依据具体的写作题材进行取舍，选取更符合主题思想的要素进行着重描述，提高表达的精确度。

其五，鼓励学生进行写作交流。当学生出现无法依靠个人思考产生写作灵感的情况时，教师要鼓励学生多与周边的同学或老师进行写作沟通，通过写作主题谈论，激发自身的写作想法，启发写作思维。同时，学生还可以通过这一途径吸取不同的看法与观点，开阔自身的写作视野，更好地理清写作的思路。

其六，让学生主动探索写作问题并进行解答。写作过程在本质上也是一个探索问题、发现问题进行解决的过程。在写作中可能会出现一些表达上的矛盾，引发学生的写作困扰。这就需要教师，培养学生解答问题的写作态度，鼓励学生从不同角度进行写作矛盾思考，辩证地看待各种写作问题，从而得出更为科学的写作结论与观点，写出更具深度的文章。这在很大程度上，也可以作为一种激发写作灵感的方式。

其七，帮助学生养成撰写提纲与大量阅读的习惯。在日语写作之前进行相应的文章提纲罗列是非常必要的，只有这样才能让学生更好地找出写作核心，理清写作思路与具体框架，按步骤有计划完成写作。通过大量的阅读，学生就可以累积许多有用的日语写作素材，做到言之有物。

五、日语词汇教学方法

（一）词义教学方法

在日语词汇中，有与汉语词义相近的词汇，也存在语音表述截然相反的词汇。针对这一情况，日语教师要严格采取正确的教学方式，帮助学生掌握独特的日语词汇词义，正确理解不同词汇的具体内涵与外延，抓取词汇的特点，准确把握词汇的实际意义。日语教师可以运用以下的教学方法，来进行有效的词义教学：

1. 词义演示教学

面对入门阶段的日语学习者，教师可以采取直接的方式进行词汇意义教学。对译是指运用演示的方式，依靠各种图片、音频、视频等进行词汇意义解释。譬如，面对常见的日语寒暄语，教师可以通过对话情景演示，运用幻灯片、图片的内容只带具体的词汇语义，持续强化学生的词汇学习感受，激发词汇学习的兴趣，形成良好的词汇内涵记忆。

　　教师还可以采取触景生情、应用限制等方式，开展日语词汇对译或直观释义教学。其中，触景生情这应靠具体的情境创设，让学生直观的感知到词汇的内涵，往往需要依赖一定的事物进行词汇内涵表述，触景生情更多被运用于入门阶段的词汇讲述中。当学生具备一定的词汇累积时，日语教师就很难再刻意去创设情境来对复杂的词汇进行词义传达。这时，教学者可以采取应用限制的方式，用日语来进行词义传达与解释，让学生真正理解到词汇的深层意义，更好地理解中高级日语词汇。

　　2. 用日语去揭示词义

　　当学生已经掌握基础的日语词汇并具备一定的语法规则认知后，词汇学习的难度将会逐渐升高。这时，就需要教师依据学生具体的学习情况，采取用日语去揭示词义的教学方法，进行日语词汇释义。

　　首先，日语教师可以引入多元的词汇工具书。在初期，教师可以选取较为间接基础的日文词典，如《对于外国人编写的日语词典》《简明国语词典》《小学馆国语词典》等工具书。到了教学中后期，教师可以适当选取词汇量更丰富、词义解释更完整的高级日语词典，如《广辞苑》《新明解国语词》《详解国语词典》等就是很好的高级日语词典。

　　虽然运用纯粹日语词汇工具书，可以很好地帮助学生去认知具体的词义，但是这种方式学生需要花费更多的时间与精力，还需要学生具备良好的词典运用能力。针对这一情况，许多造水工作者提倡使用汉日词典，以此来提高日语词汇学习效率。当然，教师还是要适度选取用日语讲述词汇意义的方式，运用目的语进行词汇量意义讲述，以此帮助学生形成良好的日语语感、思维能力与理解能力。要特别注意的是，若学生在进行词汇查找时在具体的词义解释中出现不太理解的词汇，也需要进行进一步的词汇查找，只有这样才能帮助学生进行正确的词义理解。

　　日语词义教学的时间，最好设置在第一、二册日语教学书讲完之后，先对部分名词进行词汇含义讲授。然后，在第三、四册书学习完后，再进行相关的连接词、副词、动词等词汇意义的学习。当学生掌握以上词汇类型后，在开展近义词或同义词教学，运用例句与注释相结合的方式，让学生进一步理解不同词汇的表述内涵。

（二）词汇记忆方法

1. 意向记忆

意向记忆，也被称为意向识记，是指充分调动学习者的词汇记忆意向，达成有意向的记忆。通俗来说，就是让学习者做好充足的记忆准备，再开展相应的词汇记忆学习。相较于无意识的笼统记忆，意向记忆具备良好的记忆计划与目标，能够帮助词汇学习者充分认知词汇记忆行为的出发点与发展方向，强化其词汇记忆的动力。

在意向记忆前，需要做好以下准备：

其一，明确具体的词汇内容与记忆方式。

其二，帮助学生明确记忆的目的，激发学生的记忆兴趣与期望，充分调动学生的词汇记忆参与度，增强其词汇学习的信心与决心。

其三，对具体的建议过程进行一定的时间限制，以此强化词汇记忆的紧迫性，帮助学生进行词汇记忆阶段目标划分。例如，可以在第一遍近义词汇时，将目标确认为普遍理解词汇的意义；在第二遍记忆词汇，将目标确认为词汇假名记忆，并运用汉语进行词汇内涵复述；在第三遍记忆时，要求学生举一反三的例举与所记忆词汇内容相关的词组或短语，提高词汇记忆的准确度。

在进行词汇记忆教学时，教师要注重纠正学生错误的词汇记忆目标，不能将应试作为主要的词汇记忆目的。而应该将词汇记忆目的交际化，将词汇的具体理解与正确运用作为词汇记忆的首要目标。只有这样，学生才会具备很久的词汇记忆动力，相应的词汇理解也会更深刻。

2. 特征记忆

不同的词汇往往具备一定的特征，教师在进行词汇记忆教学时，可以采取特征记忆的方式，让学生通过词汇类比与对比，感知具体的词汇特征，准确把握词汇的内涵，并形成良好的词汇记忆。

在进行词汇特征记忆教学时，也需要遵循一定的教学顺序。一方面，需要严格遵循"先整体，后局部，再细节"的记忆顺序，先帮助学生进行总体的词汇理解，然后再找出局部的词汇特征与细节，帮助学生进行词汇特征记忆，有效摆脱重复性机械性的记忆练习。另一方面，可以引入短语进行相应的词汇特征记忆。教师可以依据词义提供相应的语言使用环境，依靠词汇使用场合的教学，帮助学生更好地理解词汇特征，教词汇记忆过程简单化。当然，教师不宜选取过长或过分与复杂的例句进行词汇短语识记，这无疑会加重学生的词汇学习负担。

在词义记忆过程中充分运用词组、短语、例句等日语要素进行相应的理解记忆，是一举多得的。但是，相关词组、短语或例句的选举要遵循一定的原则——即生动、浅显、典型。只有这样，才能真正帮助学生直观清晰了解词汇特征，进行理解加工熟记。

3. 材料加工记忆

所谓的材料加工，是指依照词汇的具体意义，进行相应的词汇重组与分组，找出学生以认知词汇与新词汇之间的差异或联系，以此帮助学生更好地记忆与理解词汇。

教师要带领学生进行词汇归类组织，将所学词汇依照一定的类别或特征进行归类整理。然后，要带领学生去寻找已有知识与新词汇知识之间的潜在联系，让学生在巩固原有知识的基础上达成良好的词汇理解，加深其记忆清晰度。据科学统计，单个分组的词汇数需要控制在5～9个，这样更有利于人脑进行相应的词汇记忆。此外，教师还可以运用不同的词语属性，如同义词、反义词、近义词来进行相应的词汇归类组织。

当学生具备一定的词汇累积时，若再进行归类组织记忆，会显得十分复杂。这时，教师就要选取组块记忆的方式，帮助学生持续扩大词汇信息记忆量，将孤立化的词汇类别进行有机整合，形成体积较大的词汇组块，帮助学生完成相应的词汇知识梳理与深层记忆。据科学统计，单次记忆的组块不宜超过7个。

4. 感官协同记忆

在词汇学习中，学生往往会依照个人感觉进行词汇记忆。这种感官记忆依照人具体的五官知觉、触觉等形成的短时记忆。在此基础上，教师可以运用单一化的感官通道，如味觉、嗅觉、触觉、视觉、听觉等，持续并反复冲击学生的某一词汇记忆感官，加深记忆效果，帮助学生达成良好的词汇提取记忆。

在众多的记忆感官中，视觉记忆拥有着 85％的信息记忆量，其次是听觉记忆，有着 11％的记忆信息量，然后是嗅觉与触觉，分别占据着 4％与 3％的信息记忆量。因此，直接的视觉冲击更能够加深学生对词汇的记忆深度，教师可以运用多媒体、图片、VR 等可视化的教学工具，来进行词汇记忆教学。

联想记忆也是一种很好的感官记忆方式，与教师可以通过挖掘词汇，生成趣味化的内容，帮助学生达成词汇意义联想，加深学生对词汇的记忆程度。联想记忆法往往更适用于枯燥抽象的词汇，这种方式能够给枯燥无味的词汇增加生动活泼的内涵。

（三）词汇记忆保持方法

科学研究表明，人的记忆具备一定的遗忘性，当人对某一事物形成记忆后，遗忘的立场便随之开启了。日语教师在完成词汇理解性教学后，需要采取一定的方法，帮助学生维持对词汇内容的记忆，依靠回忆、复习、过渡性学习、复述等方式，避免学生忘记所记忆的词汇内容。

1. 复述记忆方法

从词汇角度来看，复述记忆包含两个方面的内容：一为词汇读音上的重复叙述；二为词汇意义上的重复讲述。前者可以依靠朗读等途径达成重复叙述；后者则需要依靠词汇意义的二次解释、新词与旧词的联想记忆等方式进行重复讲解。在人年龄增长的同时，复述方法的运用频率会逐渐增加。日语教师要依据学生具体的学习情况，设置科学的时间段进行词组复述，将复述训练常态化，持续巩固学生已有的词汇知识，帮助学生掌握丰富多样的日语表达词汇储备。

优化词汇复述能力的方式有很多，譬如，在新单词中寻找旧知识短语；从句子中找出已认识的词汇；设置词汇记忆本，定期进行词汇朗读；让学生对已经认识的词汇进行词典复述查询，并进行相应的词汇内涵标注等。

在开展词汇复述记忆工作时，往往需要遵循一定的原则，要做到抓取重点进行词汇复述，精准地把控重点词汇内容，选择性的进行词汇复述，有效提高复述记忆的效率与精确度。

2. 过渡性学习方法

在词汇巩固记忆学习中，教师可以在过渡性学习环节中设置相应的旧词汇复习板块，选取与新知识内容相衔接的过渡性旧知识，依靠过渡性学习强化学生对旧词汇的记忆情况。研究表明，保持效果既省时又省力的最佳过渡学习率 $50\% \sim 100\%$。例如，记忆一组词汇需要诵读 10 遍，那么过渡学习的最佳值为 5～10 遍，总共应读 15～20 遍。指导学生坚持过渡学习，可以更加牢固地准确记忆。

3. 复习方法

日语教师可以采用及时复习与分散复习的方法，进行词汇巩固记忆教学。

及时复习要求日语教师趁热打铁，学习后在当天复习一刻钟比一星期后复习一小时的效果更佳。记忆单词必须要及时复习，但是还要注意，"及时复习"不是"即时复习"，如下课就背诵复习。一般说来，每天晚上睡觉前一刻钟将当天学习的重要内容回顾一下，效果会更好。

日语教师还需要帮助学生进行定时复习。部分学生在记忆生词时采用背外语辞典的方法，记忆一页就撕掉一页，这是不科学的，因为当时记住了并不表示永远不会忘记。研究表明，定时复习时，分散复习优于集中复习，即以此复习两小时，不如分四次，每次复习半小时效果更好。随着复习次数的增多，复习时间的间隔应逐步拉长，每次复习的时间也可逐次缩短。

4. 回忆方法

许多学生在记忆词汇时采用反复看、反复写的方式，实际上这是一种低效率的复习方式。研究表明，试图回忆是一种有效的复习方式。

①将需要记忆的词汇分成几部分，可按照组块方法，分为 7 个词汇或词组为一个组块。

②阅读几遍词汇后，就遮住日语，尝试看着汉语背诵或默写，回忆不起来的地方再重新阅读记忆。

③背过几个组块后掩卷而思，尝试背诵或默写，想不起来的先看汉语词义，实在想不起来的，再看日语。如此循环往复直到记牢为止。

④一般来说，全部练习时间的 60％～80％用来试图回忆，20％～40％的时间用来诵读效果较好。因为回忆期间能够调动学习者自我参与意识，促进积极思维，增强学习的反馈，使注意力集中到没有记住的地方，避免了反复背诵时使用时间和精力这种被动学习的弊端。

六、日语翻译教学方式

（一）基于语言习惯的翻译教学

一般来说，不同的民族具备不同的语言习惯。虽然，中日民族存在一些相近或相同的文化现象，也就是通常所说的文化偶合情况。但是，这种耦合现象并不意味着两种民族具备相同的语言习惯。日语教师在进行翻译教学时，要依据具体的民族语言方式，构筑符合本民族认知特点与目的语语言习惯的翻译教学模式，让学生在异文化翻译学习中体会不同文化表述方式所传达的真正含义。同这种教学方式，也需要教师进行相应的文化背景内容传输，有效提高学生的日语文化认知度，以此帮助学生达成更好的日语文化理解与翻译输出。

（二）基于词汇联想的翻译教学

从目前来看，很多日语翻译教学课程都是构筑在词汇联想基础上的。这种翻译教学方式，是指引导学生通过词汇意义的联想，帮助学生领悟与感受某个词汇生成的文化意义或附带内涵，既然更好地完成词汇翻译，呈现出更加完整具体的译文作品，这种翻译教学方式也能够最大限度地体现中日两国人民之间差异化的生活习惯、文化内容与思维方式，避免读者因本土化的词汇联想而出现错误的译文理解。

（三）基于语言环境的翻译教学

教师在进行日语翻译教学时，应综合考量语言环境差异性引发的翻译教学影响，构筑符合文本翻译的语言环境，让学生在符合原文背景的语言环境中，体会日语翻译教学的魅力。中日两国的语言词汇有着十分明显的差异，同一类型词汇也可能传输着完全不同的文化意义与思想内容。教师创建相应的翻译语言环境进行翻译教学，能够帮助学生更好触摸到原文的内涵，提高学生的翻译学习顺畅度，强化学生翻译表达的准确性。

第四节　交际日语教学质量评估与优化路径研究

在跨文化交流中，日语是非常重要的交际工具，也是中日对话者达成交流目的主要途径。目前，国内的日语教育越来越重视交际日语教学。所谓的交际日语教学，是将根本性的日语教学目标确认为"培育学生日语交际能力"的教学活动。在交际日语教学中，教学目的就是达成交际，基本手段是日语对话。然而，国内的日语教育普遍存在学习者日语交际能力培养成效不高的情况。虽然各大高校也设置了相应的交际日语教学课堂，但所传授的内容与实际日语交际内容相差甚远，还有许多因素制约着高校交际日语教学的进步。

在我国日语教育改革的持续推动下，培育学生的日语表达能力，已经成为重要的日语教育目的。同时，这也是经济全球化的必然要求。所有日语教育工作者都需要关注到学生的日语交际能力，开展相关的教学研究，找出能够提高学生日语表达水平的有效途径。在本节中，将系统探讨日语教育中常见的教学评估方式、存在的各种交际日语教学影响要素，并探索交际日语教学优化路径，为交际日语教学的持续进步提供一定的参考。

一、交际日语教学评估方式

日语教学质量评估，是指日语教学中所有相关的用来测量与评估教学质量的方法。主要是为了诊断教师和学生在教与学过程中的障碍，从而保证学习目标的顺利实现。评估是教学不可或缺的环节，也是促进和保障教学的有利手段之一。文化视角下交际日语教学改革已经把教学质量评估体制，推到了必须变革的边缘。本节探讨现代日语教学评估的相关内容，主要包括日语教学评估的概述、原则以及方式。

（一）教学评估的内容

教学评估是根据教学目的和教学原则，利用所有可行的评估方法及技术，对教学过程和预期的一切效果给予价值上的判断，目的是提供信息、改进教学和对被评估对象做出某种资格证明。

教学评估中包括的评估者、评估对象以及评估过程三个要素，不仅决定了评估的结果，还决定了评估的内容，即学生评估、教师评估、过程评估、管理评估和课程评估。

1. 学生评估

（1）学力评估。

对学生的学力评估是教学评估的重点之一。学力是一种综合的素质和能力，学力的内涵以及学力观不是一成不变的，而是会随着时代的发展、社会的变化而不断地发生变化。但不管怎样变化，有两点是不会变的：其一，强调学力是对知识、技能的掌握，以此形成某种能力；其二，强调学力是教育、教学的结果，注重学校、教育的作用，即学力的形成更多地依赖后天的学习和培养。

学力评估的目的是了解学生学习的状况及个体差异，为教学提供反馈信息，有助于教师对自己的教学进行适当的调整和改进，从而培养学生的综合能力。学力评估可通过多种方法进行，如标准学力测验、智力测验、实验法、观察法、评定法等。学力评估不仅有助于改善与促进教与学的成果，对培养学生的元认知监控能力也有积极的影响作用。

（2）学业评估。

学业评估，是指根据学科课程标准中规定的学习目标和学习内容而对学生的学习过程和成果进行的评估。它通常以测量为基础来展现学生的学习进展和学习成果，并据此作出价值判断，具有一定的补救、促进和协调功能。

学业评估可采取多种多样的评估方法，如诊断性评估、形成性评估、总结性评估、安置性评估等。可使用的测量工具也有很多，如诊断性测验、自我报告清单、预备性测验、成就性测验、教师自编的掌握性测验或标准参照性测验等。在对学生的学业进行评估时，灵活使用这些评估方法和测量工具有助于全面评估学生的学习状况和结果。

学业评估的实践开展比较复杂，其中存在诸多矛盾和问题，尤其是对评估理念的把握和评估方法的运用，对教学评估造成了不小的障碍。

（3）品德与人格评估。

对学生的品德和人格评估同样是教学评估中的一个重要部分。学生学习日语就是为自身的发展和社会发展做贡献。一旦学生的品德与人格不端正，就有可能对他人或社会造成危害。因此，日语教学评估也不能忽视对学生品德和人格的评估。

评估时，教师应注意从多个侧面采用不同的方法对学生的品德和人格进行全面、客观地评估，同时还要注意教学内容的科学性、思想性等对学生品德和人格的形成与发展所产生影响的测定与评估。

2. 教师评估

教师作为整个教学过程的引导者，其素质的高低对教与学的成果以及学生的成长都起着重要的作用。因此，对教师素质的评估是教学评估的一项重要内容。对教师素质的评估一般包括四个方面：教学工作素质、教学能力素质、政治素质及可持续发展素质。

其一，教学工作素质评估。对教师的教学工作素质进行评估，其主要内容包括课堂教学质量、教学改革成果、教学研究论文、教学经验总结、学生学习质量等。

其二，教学能力素质评估。对教师的教学能力素质进行评估，其主要内容包括独立进行教学活动的能力、完成教学工作量的能力等。

其三，政治素质评估。对教师的政治素质进行评估，其主要内容包括遵纪守法、工作态度、教书育人、为人师表、参与民主管理、政治理论水平、坚持四项基本原则、良好的文明行为等。

其四，可持续发展素质评估。对教师的可持续发展素质进行评估，其主要内容包括教学发展的潜能，自觉寻求发展的能力和自学能力，接受新理论、新方法、新技术的能力等。

3. 过程评估

当前，大多数教学评估只关注对教学结果、学生学习成绩的评估，而忽视学生在整个学习过程中整体素质的提高。针对这一现状，从评估中延伸出了对教学过程的评估。

教学过程的评估，是指对师生双方通过教学达到目标的情况进行评估。由于过程评估发源于形成性评估，因此二者之间有许多共通之处，如都要求关注学生的发展和教学的整个过程。而在我国具体的教育环境、教育问题下，过程评估具有浓厚的我国特色，其对教学过程的评估也是对以目标为导向的形成性测量评估的一个突破。

4. 管理评估

管理评估有助于为日语教学管理工作指明方向。想要准确、恰当地对教学管理的质量进行评估，首先必须了解日语教学管理的概念。

日语教学管理，是指根据日语教学的规律和特点，计划、组织、控制和监督日语教学工作。日语教学管理评估就是对这一过程及结果的评估。通过评估教学管理，教师能够发现管理中的问题，并及时加强和改进管理工作。

5. 课程评估

科学合理的课程设置有助于提高教与学的质量。因此，日语教学评估必然涉及对课程的评估。课程评估是对日语课程价值及功能的评估，主要有三个代表模式：泰勒的行为目标模式、斯塔弗尔比姆的CIPP模式以及斯克里文的目标游离模式。

（二）交际日语教学评估方式

现代日语教学评估的方式有很多，下面主要从对学生的评估、对教师的评估以及对教材的评估等几个视角探讨日语教学评估的具体方式。

1. 对学生的评估方式——档案评估方式

（1）评估方式概述。

档案，是指组织或个人在以往的社会实践中直接形成的、清晰的、确定的、具有完整记录作用的固化信息。

对于学生档案，其在教学上的应用便是对学生进行评估的一个重要工具。档案评估方式可以将课程与教学同评价相结合起来，贯穿到日常的教学活动中。学生的学习档案袋一般有课堂记录卡和个人作品档案袋两种形式。

（2）学习档案材料的收集。

学习档案材料的收集方式有很多。如果决定了要进行学生学习档案评估，教师就应该在新学年一开始就设定一个总的计划，如使用学生学习档案的最终目的是什么，要收集些什么材料以及由谁来收集。

一旦清楚了这些问题，收集资料的活动就容易多了。由于收集资料需要一个漫长的过程，只要坚持记录有关学生学习的过程就可以了，因此教师要培养学生的学习习惯，收集他们所有的东西并找一个存放的地方，也就是学生学习档案。

制作学生学习档案时，收集资料并不是一件难事，选择收集哪些资料则是极为困难的事。因此，学生应该先学会如何整理挑选出合适的资料放进学习档案中。通常教师会从学生的口头讨论开始。学生参照教师提供的优秀作业的标准和样本进行讨论，并口头反思彼此的作业。学生进行口头讨论时，教师要将学生谈到的问题进行归纳总结。

当学生掌握了口头讨论的基本模式，并且会用现成的标准去评定他们自己的作业后，再转向笔头反思。

笔头反思有助于学生从评估中学习，了解自己的优点和不足。同时教师也能知道学生对自己作业的看法，当发现一些不恰当的看法时，教师可以做及时的提示与引导。当学生有能力判断他们的作品并且收集了一定数量的作品后，他们就可以将挑选出来的作品收集到学生学习档案中。

（3）学习档案的制作。

读书笔记是学生对所读书籍、文章的随时记录，坚持记录读书笔记有助于学生养成认真思考的习惯。

在教学过程中，教师可以鼓励学生就所读内容发表看法。这不仅有助于学生了解文章、书籍的内容，培养良好的读书习惯，同时也有助于学生锻炼写作能力。此外，制作阅读、写作档案和学生学习档案总结表。

（4）对学生档案的评估。

完成学生学习档案的制作以后，就要检查学生所选项目是否符合档案要求，并对其进行评估。评估学生学习档案时应注意以下几个方面：档案是否整洁易读；档案中的材料是否组织得好；档案中是否有具体范例；档案内容是否能够清晰、全面地反映学生一个阶段的学习成果；档案是否能够体现不同课程之间的联系。

2. 对教师的评估方式

这里主要介绍对教师授课质量的评估方式。首先要根据教育目标的要求制定出科学合理的评估指标体系，然后系统收集教师授课活动的有关信息，并据此分析和判断教学质量，最终为改进教学工作、提高教学质量提供依据，指明方向。下面是几种常用的教师评估方式。

（1）综合量表评估方式。

综合量表评估方式十分注重教学活动的具体分解、对信息的处理和将标准进行统一，因而是一种比较精细的数量化的评估方式。它具有标准具体化、结果准确率高、评估人员主观干扰较少的特点。

（2）调查方式。

调查方式不仅可以评估学生的学业，还可以同时评估教师的授课质量。问卷和访谈也是调查方式最常用的对教师进行评估的方法，通过调查方式可了解特定教师在一段时间内的教学情况，多用于专门鉴定教师的综合教学水平的管理性评估。

（3）分析方式。

分析方式是通过对教学工作进行定性分析来评定教师授课质量，一般没有专门的评估标准，而是依靠测评人员的学识和经验进行评估。分析方式的优点是能够突出主题或主要特征，且简便易行。缺点是主观性较强，规范性差。因此，分析方式适用于以改进教学工作为目的的日常教师授课评估，不适合规范的、管理型的教师授课质量评估。

3. 对教材的评估方式

教材是教学活动中最基本和最重要的资源，也是教学过程的重要组成要素，因此对教材的评估很重要。评价课程材料通常需要涉及的方面有课程原理、计划、标准、教学辅导材料、教师指南、教学计划和教案等。教材评估的标准主要包括合理性和可行性。

为了落实课程教材的评估，必须实现标准的具体化。有关课程教材评估的标准有很多，所以在实施过程中，应根据对象的特点、目的、材料形式及适用领域加以选择和重组，同时还应确立每一项指标的加权方法，并兼顾数量与品质。

二、交际日语教学存在的问题

（一）教育工作者存在的问题

1. 汉语授课现象

目前，国内绝大多数日语课堂中都存在汉语授课的现象，这虽然有利于达成教学沟通，却阻碍了学生日语交际水平的提高，也没有为学生营造良好的跨文化日语学习环境。在跨文化背景下，学生能够接触到的日语交际情景十分有限，课堂已经成为了国内学生接触日语、进行日语交际的主要场合。在这样的情况下，若教师再采用汉语进行授课，就大大压减了学生的日语交际接触空间，更不利于激发学生的日语交际表达。

促使教师运用汉语进行日语知识传授的因素有很多。其中，最为突出的原因有三个：

　　其一，受班级授课制的影响，教师为了兼顾学习水平较低的学生，采取了汉语授课的方式。其二，在汉语教学应试压力的督促下，教师不得不运用学生都能够理解的汉语进行讲课，以此来追赶日语教学的进度，帮助学生通过日语能力测试。其三，学校所安排的日语课时较少，但日语教学任务却十分众多，课时安排不合理使得教师要兼顾多方面的日语学习内容，不得不采取汉语授课的方式，在有限的课时中完成教学任务。

　　虽然，这些因素并不是教师主观缔造的，是由于教育环境与课程体系共同作用，使得教师不得不选取汉语授课的方式进行日语教学。但是，教师作为专业的日语教育工作者，其必须要明白汉语授课对交际日语教学的弊端，及时与校方进行有效沟通，调节相应的课时与课程进度安排；采取分层化的日语教学模式，将教学水平相近的学生安排在同一课堂中，选取其能够接受的日语教学内容，进行针对性的交际日语课堂教学。

　　2. 教学方法的滞后性

　　在当下，许多日语教师所采取的教学方法，仍然是传统日语教学模式中常见的教学方式，许多先进高效的教学方式，并没有被运用于交际日语教学之中，教学方法使用情况存在明显的滞后性。而且，交际日语在国内的日语教育中，并没有形成独立的学科，通常被作为日语整体教学的一部分。

　　在这种情况下，日语学习者往往只能进行被动的日语词汇、语法知识学习，很少有能够主动选取内容进行交际表达的机会。日语教师也习惯于运用填鸭式的教学方法，为学生提供大量的日语书面练习题，以此提高学生的日语答题能力。这显然不利于学生交际日语能力的培育，也无法了解学生实际的日语表达发展水平。再加上教学方式的单一性与枯燥性，学生在日语课堂中学到的具体知识，并不具备良好的交际实用性。

（二）日语学习者存在的问题

1. 心理压力大，缺乏自信

受跨文化教学环境的影响，学生在成长过程中很少接触到真实客观的日语交际场合，日语对于学生来说完全就是一个陌生的事物。在日语学习之初，学生往往会有很大的心理压力，害怕接触到陌生的语言领域，也害怕因个人交际经历的空白性引发一系列的学习尴尬。因此，很多学生在学习之初都不喜欢进行日语口头表达，也没有建立日语表述的自信心，经常出现不敢说、不乐于说的情况。虽然，有一小部分的学生比较开朗外向，乐于同其他人进行口语交流，但其仍然会有一种紧张感，也会担心因为说错而引发一系列的交流尴尬现象。长此以往，学生就形成了一个恶性的日语交流学习闭环，他们害怕开口说日语，也排斥进行日语口语练习，进而引发了日语口语能力得不到提高的情况，又加深了其对日语口语练习的恐惧感。

2. 日语发音不标准，词汇匮乏

学习者的母语发音习惯，也会在一定程度上引发日语发音不标准的问题，很多学生并不具备丰富的日语词汇储备，也很难进行相应的日语对话组织与表述。在学生的成长过程中，他们更多接触到的是汉语表达，很多学生也没有去过日本，不理解日语发音的具体要求与特征，因此很难把控交际日语的发音情况。同时，他们所具备的日语词汇，也并不丰富，这使得他们很难将单个的词汇，运用一定的语法规则进行句子组织与表述，存在日语表达方语音不标准、词汇匮乏，很难表述清楚的问题。

（三）教学条件问题

1. 教材配套情况不完善

据调查，国内现行的绝大多数日语教材习惯于按照日语听力、日语阅读、日语写作等板块，进行分册设计。很少设置单独的日语交际口语教学教材，口语练习相配套的教学材料也十分有限。在教学中，绝大多数教师习惯口语学习融入听力训练的过程中，并没有开展系统专业的日语口语教学。这严重背离了交际日语教学的要求，会让学生觉得口语不如阅读、听力、书面表达重要，使其不重视自身日语交际能力的提高。虽然，市面上也存在一些专门的日语口语教材，但其应用范畴较为狭窄，并不能完全满足学生的日语交际发展需求，也不符合日语交际场合的表述特征。这些教材的内容设置也较为简陋，往往只涉及简单的日语口头问候、寒暄用语、生活化用语，并没有体现出具体的交际文化内容，也没有详细说明交际过程中需要注意的事项与具体礼仪。

2. 课时不足

国内各大高校的日语口语课时配置情况也不容乐观，口语课时不足的情况十分突出。这也反映出日语教学院校并不重视交际日语教学，重知识、轻口语的现象仍然十分普遍。据调查，未被单独设立出来的日语交际课时，往往只占整个日语教学课时 3％左右，学生很难在日语课堂中得到有效的口语训练，这也是引发日语专业学生口语交际能力低下的重要原因。

3. 口语评估制度欠缺

在目前的日语教学体系中，并没有设置相应的口语教学评估制度，也很少有教师设置相应的口语评价环节，这显然是不科学的。缺失了口语评估制度，就等同于缺失了日语口语教学改进研究，很难发现日语教学中潜在的口语教学问题，无法持续优化日语口语教学设置。部分学校设置了相应的口语评估考试，这些考试有点类似于中小学常见的期中或期末考试，是依照大学日语四六级考试要求而设置的。但是，这些考试往往只能对学生已有的口语技能知识进行检测，很少有教师会依据具体的口语检测结果，开展相应的口语学习评估，帮助学生找出口语表达中存在的问题进行完善。综上所述，当下的日语口语教学中，缺乏了成熟完整的口语评估制度。究其原因，是由于口语考试操作难度的制约。受整体教育环境的影响，教师很难选取具备高度精准性的口语评估材料，也很少有教师能够运用数据化的分析方式，对口语评估制度的效率与进度进行分析。

三、交际日语教学影响要因分析

对于交际用语教学来说，存在着许多教学影响因素，也有很多元素制约着交际日语教学的进步。接下来，将从日语学习者、日语教育者、教学环境这三个维度，开展交际日语教学影响要因分析。

（一）学生因素分析

对日语学习者来说，个人心理因素与认知因素，是最为主要的交际日语学习效果影响因素。

1. 认知因素

任何流畅的口语表达，都是以语言知识积累为前提的，只有学习者具备良好的语言知识或技能认知，才能达成有效的语言输出，做到出口成章、言之有物。换句话说，学习者只有具备日语认知储备，如日语词汇、日语语法规则、日语交际礼仪等，才有可能选取合适的材料进行语言组织。

当日语学习者具备丰富充实的语言材料基础后，他们就能够依据具体的对话内容，提取符合个人认知与思想观点的语言材料，进行语言组织，持续输出自身的想法与意见，以此达成语言交际的目的。可见，学生的个人认知因素，直接关乎其口语表达水平，只有学生将学过的日语语言知识内化为自身的认知，才具备了流利表达的基础。

2. 心理因素

研究表明，具备相同认知水平的语言交际者，其表达能力也会有所差异。这是因为语言交际会受到说话人心理因素的影响，若日语学习者具备良好的心理素质，哪怕其认知水平较差，也能够自如地开展语言交流。反之，若学习者不具备良好的交际心理状态，很有可能会因紧张等原因达不到理想的交流效果，出现语言交流卡壳或支支吾吾的现象。

学生的交际心理也会受到个体学习动因的影响。具备高学习动因的学生，自身的交际要求更高，容易在交际动因的带动下进行流利的语言输出，这些学生也更喜欢在语言表达中展示自己。而学习动因较弱的学生，则容易出现劝退性交际心理焦虑，其内心往往显得十分迟疑、恐惧与焦虑，这些情绪也会干扰学习者的日语表达，使其交际水平出现退化的情况。

总体而言，学生具体的心理素质、心理状态，会在很大程度上影响日语交际效果，具备良好心理状态与心理素质的学生，往往能够取得良好的日语交流效果。

（二）教师因素分析

对教师来说，影响其口语教学质量的因素有很多，具体包含以下几个方面的内容：

1. 教师自身的素质

教师作为日语口语课堂的组织者与引导者，教师的教学素养、个人素质也会直接影响教学效果。一般来说，个人教育素质较高的日语教师，往往更能够直截了当地找出学生在口语表达中表现出来的缺漏之处，依靠流利化的日语发音教学引导，促进学生口语交际水平的提高。而教学素养较低的教师，其日语教学专业水平可能并不高，至于发音也可能存在一定的瑕疵，其语法认知度可能并不高。在此情况下，学生无法接触到正确的日语发音，也无法形成良好的日语发音认知，不利于学生口语表达准确度的培养。此外，高素质的日语教师，往往能够将具体的日语交际文化、交际礼仪清晰的传输给学生，让学生具备很好地口语交际仪态，在交流中给交际者留下良好的印象。

2. 课堂气氛营造能力

在交际日语教学中，课堂气氛营造是十分关键的，只有营造良好的课堂氛围，才能让学生更自如轻松的开口进行日语表述，培养学生的表达信心，让学生乐于运用日语进行表述。然而，课堂气氛营造能力是因人而异的，部分噪声能够营造轻松愉悦、契合实际的口语教学氛围；有的教师在营造课堂气氛上并不是很擅长，会出现无法为学生提供良好交际氛围的情况。长此以往，可能会让学生觉得日语造句十分枯燥，进而出现抗拒日语口头表述的问题，也无法激发学习者的日语表达兴趣。可见，教师具体的课堂氛围营造能力，对日语交际教学效果有很大的影响，只有营造良好的课堂氛围，才有可能帮助学生持续累积日语表达经验，提高交际日语应用水平。

3. 教学观念的影响

教师个人的教学观念，也会对日语交际教学产生影响。这些教学观念，体现在教师课堂教学的口语训练要求、口语教学方式、口语评估标准上。具备先进口语教学观念的教师，往往能够培养日语口语表述更准确、更流利的交际人才。

众所周知，日语交际水平的养成并不是一朝一夕就能促就的，需要持续的积累，日语交际是一个循序渐进的学习活动。因此，在日语教学之初很多学生并不具备良好的日语交际能力，甚至存在无法开口进行日语表述的现象。在这时，教师就要适度降低日语口语交际标准，不能提出过于苛刻的要求，这会打击学生的表述自信心，让学生不再乐于运用日语进行交际。因此，教师要先树立鼓励引导的日语交际教学理念，在整个日语交际教学中，要做到鼓励引导为主，持续激发学生的表达积极性。

当学生出现口语表述错误时，教师也要积极采取先进的教育理念，对学生进行科学的纠错与引导。首先，教师要肯定口语表述错误出现的客观存在性与必然性，让学生正确看待可能出现的句语表述错误，将其当做日语口语表达能力提升过程中的重要环节。其次，教师不应采取过于严厉的方式进行纠错，而应该运用学生能够接受的日语表述方式，在维护学生自信心与自尊心的同时，让学生清楚地认识到自身的交际日语表达错误之处，乐于接受意见并及时改正。此外，在教学初期要给学生留足一定的口头表述容错空间，让学生勇于尝试口语交际，不过度纠结于学生语言表达上的小瑕疵，而应该关注学生内容表达的清晰度，将清晰表达自身的想法，作为主要的教学目标。当学生来到口语训练中后期时，教师则需要采取一定的教学途径，兼顾口语表达能力的全面发展。

教师教学理念对日语交际教学的作用，还体现在教学重点选取上。在传统的观念中，应试通常被作为口语训练的重心。而在先进的教学观念中，帮助学生培养与提升表达能力，才是日语交际教学的重中之重。可见，具备不同教学观念的教师，所选取的日语口语教学侧重点有所区别。在此情况下，日语教师只有及时学习先进的教育教学理念，才能建设符合社会发展需求的口语教育课堂，帮助学生培养符合社会应用实际的口语表达能力，避免出现"只重视日语书面表达，忽视口语体教学"的错误。

（三）交际环境因素分析

交际活动是在一定的场合下进行的，日语交际亦是如此，教师只有构筑良好的日语交际环境，才能帮助学生在交际学习中持续练习与运用日语，才能培养出符合社会需求的应用型交际日语人才。

若学生长期处在一个稳定的交际环境中，日语学习者往往更容易习得日语交际技能与知识，将具体化的日语语法知识，内化为自身的语用知识储备。在我国，日语并不是学生最常接触的母语，而是一种外语。因此，教师要根据具体的日语教学内容，设置各种贴合实际的日语学习环境，让学生在良好的日语学习氛围中，逐渐掌握日语表达的技巧，学习日语交际礼仪文化，让学生逐渐具备流利准确的日语表达能力。

四、跨文化交际日语教学质量优化路径研究

在当下，跨文化日语教学的核心主题已经演变为了"以质取胜，以质为本"，高校日语教学亦是如此。日语教学质量直接关乎学生的跨文化日语学习成果，也是培养优秀跨文化交际人才的重要基石。而在整个教育质量提升过程中，日语教师的综合素质、教学环境水平是至关重要的两个影响因素。

（一）提高日语教师的综合素养

各大高校只有配置具备高度日语教学素养的教师，才有可能激发

日语教学的创造性，进而培养综合性创新型日语人才。因此，各大高校要持续提高日语教师的综合素养。

首先，要督促教师及时更新日语教育思想，持续创新教学理念，树立科学高效的教学理念。这要求学校要持续督促日语教师开展教学研究工作，依据具体的教学对象特征，开展科学的学习分析，然后通过培训学习、自主学习等方式，寻找到合适的日语教学方法，并进行相应的教学模式创新，做到真正意义上的因材施教。同时，学校还要鼓励日语教师树立终身学习的教育理念，持续更新自身的教育教学思想，依靠教学理念的创新，让教师更好地把握学生的想法、日语水平发展情况、学习阶段与特征，做一个能与学生交心、交流观念的好教师，真正构筑以学生为主体的教学模式。

其次，要进一步构筑优良的教学交流氛围，鼓励日语教师运用各种线上或线下的途径，开展教学教研交流，提高自身的日语教学创新能力、创新意识与创新精神，依靠良好的教育发展视野，有效督促学生取得良好的日语学习进步，学习先进的日语教学方式方法，持续激发日语学习者的求知欲，选取符合日语学习者阶段发展特征的教学方法，取得事半功倍的日语教学成效。

此外，还要鼓励日语教师开展跨国日语教学学习，及时了解日本语言发展的阶段性特征，针对具体的日益发展情况更新自身的教学内容，为学生呈现一个即时性、趣味性与丰富性兼备的学习课堂，让日语教学发展跟上日语文化演变的脚步，让学生在毕业之后能够更好地运用日语开展跨国交流，培养符合社会发展需求的跨文化日语交际人才，为社会输送大批能够带动中日交际持续发展的复合型优秀人才。

（二）优化整体的日语教学环境

日语教学环境不仅涵盖课堂教学环境，还包含具体的教研团队水平、日语交流环境与日语学习社会环境。只有持续优化总体的日语教学环境，才能提高学校的育人成效，真正发挥学校育人的效用。

首先，各大高校要培养高素质的日语教学团队，依靠专业人才的培养，为学生营造良好的学习环境。在跨文化环境下，闭门造车是完全行不通的，各大高校不仅要注重内部团队的建设，还要积极邀请优秀的日语教学团队，促进教学团队间的交流，依靠"取人之长，补己之短"的方式，持续开拓校内教学团队的交际日语教学视野，并依靠具体的学校教学实际，具备先进日语教学水平的优质教学团队。

其次，要为学生提供良好的日语交流环境。在跨文化日语学习中，若学校不刻意营造良好的日语交际环境，学生就很难接触到真实的跨文化日语交流情境，也无法对日语交际形成具体的印象，更无法累积交际过程中必要的技能与知识经验。一方面，高校要积极组织各种校内日语交流活动，设置专门的日语角，帮助学生开展多层次的日语交流，持续累积日语交流经验。另一方面，高校还要积极联合其他日语教学院校，设立公众化的线上日语交流平台，引导校内的日语学生依靠这一平台运用所学的日语内容进行交流沟通，并在交流过程中体会真正的日语交际氛围，为学生提供优质的日语交流资源。

要构筑高水平的教学环境，单纯依靠学校努力是远远不足的，学校还要依据具体的教学社会背景，构筑"家庭＋社会＋学校"的日语教学环境，为学生提供良好的日语学习社会氛围，依靠三方联动配合，带动学生日语学习的持续进步。与此同时，构筑三方联动的高水平日语教学环境，还能帮助学生了解真实可行的社会日语交际需求，有方向有目的地进行日语学习，持续提高学生的跨文化日语交际视野。

（三）构建跨文化日语实践教学课堂

目前，国内存在严重的应用形式与人才空缺。面对这一情况，各大高校要积极构建实践化的日语教学课堂，依靠跨文化日语交际实践教学，培养高素质、高能力、高创造的综合性日语运用人才。

首先，各大日语教学院校要将跨文化日语交际实践教学确认为日语教育的第一课堂。不能再满足于培养具备日语基础知识的学生，而应该在各个日语教学环节中插入具体的交际实践内容，有针对性地培养学生的日语应用能力。各大高校在设置相应的课堂实践活动时，还要充分开展相应的日语社会实践调研，通过了解各大日语企业对日语应用人才的具体要求，设置贴合社会背景的实践活动进行日语交际模拟，让学生持续累积有用的日语交际经验，锻炼出优质的日语交际技巧，搞活日语实践课堂。

其次，要采用多元的教学模式，提高交际日语教学的实用性。各大高校可以积极鼓励日语教师采取灵活多样的课堂教学模式，提高日语交际教学与训练的质量，让学生真正成为日语课堂学习的主人公，激发学生的日语学习探究活动，培养良好的跨文化能力与交际观。例如，教师可以采取讨论教学模式开展跨文化交际日语教学，设置一定的讨论问题，让学生的日语讨论时间具备一定的指向性，并通过合作探讨的方式找出具体的交际解决方案，持续锻炼学生的交际问题解决与应对能力。又如，教师可以采取情境化的教学方式，灵活运用多媒体等教具，为学生营造一个身临其境的日语交际情景，引导学生在贴近现实的交际环境中，逐渐开展日语交际与表达，加深学生的日语实践感悟。再如，教师可以采取团队协作的方式，将学生划分为若干个合作小组，进行跨文化日语学习竞赛，依靠横向的学习团队比较，激发学生的日语学习好胜心，将这种好胜心逐渐转化为日语学习的动力，帮助学生养成恒久学习日语的毅力。

（四）构筑符合跨文化背景的日语课程体系

首先，各大高校要将具体的日本礼仪文化融入语言交际教学课堂。只有让学习者充分了解日本社会独特的礼仪文化，才能有效提高日语学习者的交际用语得体性。因此，各大高校要将日本社会独特的礼仪文化，融入课堂教学之中，让学生真切体会日语文化中的语言道德规范，帮助学生更好地进行跨文化与交流。

其次，要进一步优化日语教学课堂中的文化导入环节，构筑高度契合日本社会文化背景的日语课堂体系，依靠课堂体系的完善性，进一步强化语用知识的输出。

最后，各大高校还要进一步健全跨文化日语交际课堂的建设原则、构筑目标、课堂内容选取要求，逐步完善日语学习课堂的内容设置，构筑丰富多彩的校内日语教学实践课堂，为学生提供更优质的教学资源，为学生选取更符合社会跨文化交际背景的教学内容，优化课程教学质量。

（五）构筑符合跨文化教育背景的日语就业衔接性课堂

对于学生来说，任何形式的教育都是为后期的就业发展服务的。因此，各大日语教学高校注重构筑符合跨文化交际背景的日语就业衔接性课堂，为学生毕业后的就业工作提供良好的引导与帮助。

首先，日语教学院校要对社会存在的日语就业领域与岗位进行详细分析，明确日语教育就业课堂的内容设置方向，依据毕业生可从事的日语就业岗位，开展针对性的就业指导教学。例如，当下常见的日语专业毕业生岗位有中日外贸信息处理员、中日采购员、业务员、日语教师、日语翻译等。在此情况下，日语教学中就要涵盖跨文化日语交际背景下的经济贸易、日语教学、日语翻译等具体的知识与技能，将常见的工作困难进行预测与分析，帮助学生掌握应对性的工作技巧，提高日语专业毕业生的就业能力，为学生谋求更好的发展平台。

其次，各大日语院校可以同企业达成一定的教学合作，依靠问卷调查、企业走访、日企调研等途径，让学生接触真实的日语工作应用情景，让学习者了解到自身应具备的具体日语技能、知识与素养，以此推动日语教学质量的进一步发展，培养具备良好日语交际水平、日语应用技能过关，具备一定日语企业工作经验、高素质的综合性日语应用人才。

此外，还要对学生具体的日语专业职业技能进行综合的培训，依靠各种科学的训练方式，结合培训课、选修课等课程形式，让学生自主选取相应的职业技能进行学习，切实提高学生的日语实践工作能力。只有这样，才能让学生具备自信沟通的底气，在各种各样的日语专业就业竞争中脱颖而出，勇于争取和抓住各种自我展示与表述的机会，获得良好的职业发展前景，更好地服务于社会发展。

结束语

　　跨文化教学俨然不是教育领域的新生事物，跨文化日语教学实践的深化使得跨文化教育理论研究更为系统与完善。本书在进行跨文化视角下日语教学研究的过程中，借鉴参考了已有的成果，并补充提出了一些新的观点，更强调教学实践基础上的专题研究，倡导研究成果的实践运用。

　　当前的语言教学中，教学者应认识到语言与文化的关联性，教学者应自觉以文化教育为基础，在语言教学中融入文化要素，培养学习者的跨文化学习意识，提升其跨文化交际素养，这才是语言教学的最终归宿。具体到日语教学中，应基于跨文化教育视域让日本文化与中国文化相融合。本书论述中以文化作为语言教学的载体，以跨文化教育理念的渗透为先导，详细解读跨文化概念、跨文化内容及预期教育目标，以期真正为日语教学中跨文化教育实施提供理论支持。我国与日本在文化交流上有着上千年的历史，两国文化认同中存在一些差异，而如何在承认差异的基础上让两者文化有效融合是语言教学中重点思考的问题。个体的行为方式及思考模式受其所在国家文化、语言影响十分明显。消融语言文化间的交流隔阂需要进行跨文化教育探索。明确中日两国文化差异并积极地推进跨文化教育实施才能保证语言教学效果。

　　语言以交际为目的，而交际又涉及多个活动领域，其背后是国家文化的综合展现。国与国之间交际习惯、交往风格有差异。在日语教学中如果局限于语言教学或偏重于语法规则的讲解，将很难提升学习者跨文化交际能力，也失去专业语言人才培养的意义。语言与文化相辅相成，前者是后者的载体，而后者又对前者进行丰富与补充。语言具有自身的特殊性，无法离开文化单独存在或脱离语境被理解。语言教学中应搭建相应的语言文化应用场景，让学习者在语言学习后能活学活用。

当前日语教学对日语文化关注较少，语言教学中跨文化交际意识的培养缺失严重，学习者对日本文化知之甚少，在交流的过程中犯错或陷入尴尬。由此可知，进行跨文化日语教学具有现实必要性。而跨文化视角下的日语教学研究也具有紧迫性，需要落实好课程思政建设问题。自改革开放以来，我国经济发展速度明显加快，一跃成为世界第二大经济体。我国与世界的联系更为密切，文化的交融也水到渠成。以语言学习加深国际合作才能让我国进一步融入世界，实现在国际上的深发展。我国与日本比邻，是很多领域的重要合作伙伴，但彼此在政治、经济、文化等方面都存在一定差异，发展思维不同。两国在交流合作时需要跨文化交流者的参与，但单纯的日语学习并不能培养出优秀的跨文化交流使者，还需要学习者在日语学习的过程中关注日本文化，理解日语中的文化现象，避免造成误解。

本书在进行跨文化视域下日语教学专题研究与论述时，先明确跨文化交际的内容，将其总结为语言行为、非语言行为和交际风格三部分。我们认识到日语在长期发展中形成并固化了一些表达习惯，形成了一些表达方面常用的词汇、词组，同时产生一些具有地方特色的方言，这些都需要学习者关注。非语言行为主要对应各种肢体动作，其更能直观地传达情绪与想法。肢体动作的学习可以使得交流者准确判断对方的观点想法，有针对性地应答，避免产生误会。交际风格也是跨文化学习不可忽略的内容，这又牵扯到各国家的民族性格。在日语跨文化学习中应明确日本人的交流习惯、交往风格，在特定的交流氛围中沟通探讨，达成合作意向。在本书写作过程中坚持理论研究与实践分析的并重，因此在章节的安排上做到了理论与实践研究的兼顾、均衡。如果说前三章是理论层面的剖析和宏观层面的关注，那么后三章则重点从实践层面论述日语跨文化教学实施问题和课程建设问题。对日语文化的导入与中国文化的关注做了详细论述，要求教师在日语跨文化教学中必须处理好本土文化与外来文化的关系，多措并举，保证跨文化教学实效。全书章节论述重点突出，层次清晰，论述详略得当，可作为跨文化研究视域下日语教学研究的重要理论支持，也可以作为日语跨文化实践教学的重要参考。这也是本书写作的出发点和落脚点。

跨文化视角下日语教学实践课堂的构建则强调理论指导实践，致力于研究成果解决教学实际问题。在实践课堂搭建中应让学习者感受文化的异彩纷呈，把握文化内涵的异同。教学者应让学习者初步了解中日语言表达方式的差异，初步感知文化。例如授受动词应用讲解，先让学习者了解授受动词包含的含义，认识到授受动词在反映日本人内在意识方面的作用，让学习者理解日本文化中长幼尊卑的理念及日本群众对尊卑问题的高度重视，能根据亲属关系合理选择授受动词。在教学中让学习者了解日语授受动词表现的独特性及复杂性，感受微妙的语法表达趣味性，通过对比学习感知文化差异，并将差异理解迁移到语言学习中，在全面认知的基础上排除母语干扰，提升日语学习的针对性。在实践课堂构建中应引导学习者夯实日语语言基础，自觉应对母语要素的干扰。在日常的教学安排中，教育者应督促学习者掌握基本的日语词汇，并通过复盘反思准确记忆。教育者应引导学习者提升日语文章阅读量。让学习者在阅读过程中积累词汇，夯实日语基础，拓展日语学习能力，才能更好地排除母语干扰，真正理解异文化，进行正确流畅的交际表达。教育落地于实践需要体现在丰富多彩的日语文化学习活动中，强化学习者的文化意识。例如，在日语教学中融入传统的日本文化元素，设置丰富多彩的文化互动活动，让学习者主动拓展学习相关的文化知识。可以具体到课件引领下的日本传统节日寓意的讲述及相应表达方式的讲解中。

跨文化日语教学也是引导学习者从学习到就业转变的有力举措。日语专业属于外国语言文学类专业，对学习者提出了语言运用能力、文学鉴赏能力、跨文化思考能力、思辨能力、研究能力、创新能力、自主学习能力等多方面的要求。虽然在外国语言文学类专业体系中英语专业较为热门，但英语专业报考人数多，意味着就业竞争大，日语专业的热度仅次于英语，但竞争较小，有着光明的就业前景。且近几年全球贸易化程度加深，驻我国日本企业更多，学习者毕业后就业出路更广，特别是北上广深等一线城市，急需大量专业的日语人才。而日语学习者就业的大方向主要集中在日语翻译、留学顾问、外企等领域，无论从事哪一职业或者哪一岗位，要求日语学习者具备听、说、读、写的综合能力。这也对日语跨文化教学和日语学习者综合能力的培养提出了更高要求，推动日语跨文化教学的深入改革。在教学中则要求学习者能在完成基础日语课程学习的基础上关注与日本文化相关联的内容，全面了解日本文化，熟悉日语跨文化教育。在真正走上工作岗位后能求同存异，正确处理人际关系，把握文化差异，规避社交中的失误或尴尬，只有具有良好的社交表达能力，才能灵活应对各种跨文化交际场景。

日语跨文化教育要最终落地于实践，因此本书在论述时理论分析与教学实践研究始终结合，围绕跨文化日语教学进行实践层面的探讨，明确日语教学原则定位，阐述主要的影响要素，提出日语口语教学实践研究课题，并细化到日语词汇教学分析等项目中。从宏观层面来说，日语跨文化教育实践效果保障需要实现多方面的统筹，需要教学中的多措并举，需要提高学习者跨文化意识，而前提是教育者具有跨文化教育的自觉性。政府方面要学习国外成功的教育理念、模式，将跨文化教育作为文化政策推行，增加教育资金投入，真正发挥政府后盾支持作用，以一系列跨文化教育政策纲领的出台让跨文化教育政策落地，真正体现在日语教学中，契合当前日语跨文化教育的大环境。要增强学习者对日语文化的认同。语言的学习需要文化的交流，而文化的交流最为关键的是增强学习者的文化认同感。日语教学中教育者应多增加日语与汉语的对比、日本文化与中国文化的对比教学内容，让学习者在对比中把握异同，并以理性态度对待语言文化异同。在教学设计环节可以增加场景式教学使用频率，让学习者于不同的语言交际场景中把握日本文化的精髓，或者增加一些以文化差异为主题的互动活动，在有条件的情况下聘请日本语言专家或者日本留学者对学习者跨文化日语学习进行指导，加深学习者跨文化日语学习的体验。另一方面，也应引导学习者主动了解日本文化，产生文化拓展学习的自觉性，让跨文化教育深入到学习者心中，成为其自觉行为的驱动力，让学习者正确认识跨文化教育，既不盲目推崇、夸大日本文化，也不自我膨胀，一味否认、贬低日本文化。只有以中和的文化价值观对待含有差异性质的文化，才能促进中日两种文化的交融，更好地学习日语。

综合来说，《跨文化视域下的日语教学研究》这部书从跨文化视角就日语教学问题进行了深入研究与专题论述。从跨文化交际研究成果总结入手，明确日本语言文化与跨文化交际的概念，分析两者关系，肯定两者融合必要性。然后分别从理论研究和实践研究层面对日语跨文化教学进行详细阐述，明确跨文化视角下日语课堂教学的具体策略，并最终就日语跨文化教学中的语用规范问题进行了专题论述，将指导跨文化视角下日语教学体系的构建、语境的构建以及实践的深化推进，以多角度的详尽论述为日语教学的新一轮改革提供借鉴，也将成为跨文化日语教学研究理论的有效补充。

当然，本书也有写作上的不足，例如受研究者研究视野和阅历的限制，受素材搜集的限制，受当前研究支持的限制等，研究中可能存在研究广度不够、深度不够的问题。但瑕不掩瑜，本身日语跨文化教学就是综合性的研究课题，研究复杂程度较高，本书的写作将起到抛砖引玉的作用，将日语跨文化教学研究引向更广的维度和更深的层次，届时日语跨文化教学研究也将取得更大的研究突破。不可否认，汉语学习越来越热，中日文化交流更为频繁与深入，日语与汉语的平等对话以平等的跨文化交流为前提，而跨文化交流效果又由跨文化教学决定。中日跨文化教学研究作为专项研究具有研究的必要性和迫切性。在中日文化深度交流的时代契机下，我们必须深入进行日语跨文化教学的理论分析，以实践视域指导研究的再突破，才能在日语跨文化教学方面交出满意的教育答卷，也真正培养并输出具有良好跨文化交际能力的语言性人才。这是文化交流的必然要求，也是中日贸易、文化、政治等往来的必然要求。

参考文献

[1] 王思盈. 日语翻译面对的语言文化差异问题分析[J]. 农家参谋, 2019(5)：298.

[2] 李哲. 浅析日语语言教学中的文化导入[J]. 教育评论, 2018(12)：170.

[3] 关春园. 文化视角下的日语语言文化表达——评《日语语言文化研究》[J]. 高教探索, 2018(11)：131.

[4] 刘卫红. 中国文化导入基础日语教材策略研究[J]. 青岛职业技术学院学报, 2018, 31(4)：51-55.

[5] 李欣晨. 语言与文化在日语教学中的结合[J]. 文学教育(下), 2018(9)：30-31.

[6] 和平. 日语语言教学现状与优化对策[J]. 文学教育(下), 2018(7)：62-63.

[7] 易洪艳. 日本语言文化的特征及成因分析[J]. 黑河学院学报, 2017, 8(12)：159-160.

[8] 梁思敏. 基于日语的语言表达特征探讨日本文化[J]. 戏剧之家, 2017(23)：229-230.

[9] 毕鹏飞. 浅析日语文化中的集团文化[J]. 农家参谋, 2017(18)：254-255.

[10] 安小康. 浅析高校日语教学中跨文化交际能力的培养[J]. 浙江工商职业技术学院学报, 2017, 16(2)：75-77.

[11] 陈至燕. 文化视角下日语语言文化特点研究[J]. 黑龙江教育学院学报, 2017, 36(6)：119-121.

[12] 赵婷. 日语教学中跨文化研究述评[J]. 黑龙江教育(理论与实践), 2017(6)：5-7.

[13] 潘昶屹. 日语专业学生日语学习中的文化导入[J]. 产业与科技

论坛，2017，16(10)：162-163.

[14] 周文霏. 中日社交语言文化差异的分析[J]. 北极光，2019(1)：116-117.

[15] 禹永爱. 对语言与文化相结合的日语课堂教学的思考[J]. 辽宁教育行政学院学报，2016，33(6)：59-62.

[16] 温玉晶. 高校日语语言教学现状与策略研究[J]. 当代教研论丛，2016(11)：105-106.

[17] 温玉晶. 日语教学中日本文化导入的有效途径探讨[J]. 人力资源管理，2016(10)：210-211.

[18] 刘欣欣. 浅谈日语语言文学中的中国文化[J]. 西部皮革，2016，38(18)：239.

[19] 齐芯. 文化视角下的日语语言文化表达[J]. 西部皮革，2016，38(18)：273.

[20] 李爽. 浅谈日语外来语的语言文化特点[J]. 西部皮革，2016，38(18)：248.

[21] 张皓. 日语"语言、文化、外教协同"教学模式实证研究——以湖北文理学院日语专业为例[J]. 黑龙江生态工程职业学院学报，2016，29(5)：110-111，118.

[22] 高立伟，徐丹. 日语教学中跨文化教育的应用分析[J]. 亚太教育，2016(23)：186.

[23] 李鑫. 基于中日语言文化差异下的日语教学探究[J]. 语文建设，2016(21)：15-16.

[24] 李笑楠. 浅谈日语教学与文化导入[J]. 才智，2016(12)：154.

[25] 张艳楠. 日语语言禁忌现象与文化[J]. 才智，2016(12)：221.

[26] 田昕. 关于日语教育中日本文化导入的研究[J]. 亚太教育，2016(10)：258.

[27] 吴征. 大学日语教学应重视语言文化知识[J]. 黑龙江科学，2016，7(6)：118-119.

[28] 张亚敏. 日语语言文化的特征及形成因素分析[J]. 科教文汇（下

旬刊），2016(1)：174-175.

[29] 王佳璐．日本概况课的跨文化教育实践[J]．教育教学论坛，2019(14)：169-170.

[30] 邓圆．汉语对日语语言文化的影响研究[J]．语文建设，2015(26)：95-96.

[31] 陈亚军．浅谈汉语文化对日语教学的影响[J]．语文建设，2015(18)：15-16.

[32] 谭盈盈．论日本语言文化的表达特征[J]．佳木斯职业学院学报，2015(6)：308-310.

[33] 窦林娟．浅谈日语语言知识与日本文化相结合的教学方法[J]．赤子(上中旬)，2015(11)：75-76.

[34] 杨红丽．日语教学中的文化导入研究[D]．山东师范大学，2015.

[35] 常楣．日语翻译面对的语言文化差异问题研究[J]．现代交际，2015(4)：39.

[36] 朴旭兰．中日语言特点及文化表现对比研究[J]．湖北函授大学学报，2015，28(6)：137-138.

[37] 范冬妮．日语中的外来语及日语语言文化特点分析[J]．辽宁师专学报(社会科学版)，2015(1)：14-15.

[38] 杨庆敏．日语听说课教学中日本文化的导入[J]．语言与文化研究，2014(2)：111-114.

[39] 姜洋．日语教学中异文化差异与文化导入策略分析[J]．重庆与世界(学术版)，2014，31(7)：68-72.

[40] 王璐．日语课堂中导入日本文化教育的教学模式研究[J]．学理论，2013(18)：260-261.

[41] 张咏娇．日语教学中日本文化导入的价值探讨[J]．剑南文学(经典教苑)，2012(12)：291.

[42] 李红．日语中的文化现象[J]．河南理工大学学报(社会科学版)，2006(3)：233-236.

[43] [日]野田尚史．交际型日语教学语法研究[M]．北京：外语教学

与研究出版社，2014.

[44] 徐曙. 日语教育与日本学[M]. 南京：华东理工大学出版社，2015.

[45] ［英］威廉姆斯等. 语言教师心理学：社会建构主义模式[M]. 北京：外语教学与研究出版社，2011.

[46] ［美］鲁思·本尼迪克特. 菊与刀[M]. 天津：天津人民出版社，2013.

[47] 孙清山. 日本印象[M]. 青岛：青岛出版社，2011.

[48] 李兆忠. 暧昧的日本人[M]. 北京：九州出版社，2010.

[49] ［日］平山崇. 日语教学法[M]. 南京：南京大学出版社，2011.

[50] ［英］邓肯·麦卡戈，胡克. 认识日本[M]. 北京：中国发展出版社，2015.

[51] 张佩霞，王诗荣. 多元化视角下的日语教学与研究[M]. 上海：华东理工大学出版社，2009.

[52] 曹大峰. 日语协作学习理论与教学实践[M]. 北京：高等教育出版社，2014.

[53] 彭广陆，［日］藤卷启森，唐磊. 日语语法教学研究[M]. 北京：北京大学出版社，2013.

[54] 揭侠，汪平，徐卫，等. 日语教学与日本研究：中国日语教学研究会江苏分会[M]. 上海：华东理工大学出版社，2013.

[55] 于康. 语料库的制作与日语研究[M]. 杭州：浙江工商大学出版社，2013.

[56] 王媛，林玥秀. 日语专业大学生跨文化交际能力评估量表研究[J]. 日语学习与研究，2022(04)：104-113.

[57] 张雪梅，黄永亮，李琴. 基于跨文化交际视角的应用型日语人才能力培养研究[J]. 陕西教育（高教），2022(06)：50-51.

[58] 梁暹. 日语跨文化交际课程的教学模式探索[J]. 牡丹江教育学院学报，2022(5)：68-70.

[59] 魏海燕. "互联网＋"背景下高校日语教学中跨文化交际能力的培养[J]. 办公自动化，2022，27(10)：25-27.

［60］ 于洋. 跨文化交际能力视角下旅游日语教材评价研究［D］. 大连外国语大学，2022.

［61］ 陈燕红. 影响日语专业大学生跨文化敏感度的要素研究［D］. 哈尔滨师范大学，2022.

［62］ 郭娜. 跨文化交流中的日语文化研究——评《日语语言学与跨文化应用》［J］. 科技管理研究，2022，42（6）：244.

［63］ 王秋思. 跨文化视角下日语语言文学中的语言艺术解析［J］. 文化学刊，2022（2）：56-59.

［64］ 代小艳，刘萍，安蓉. "大思政"视域下高校应用型日语人才培养中的跨文化交际能力提升策略研究［J］. 产业与科技论坛，2022，21（04）：151-152.

［65］ 赵冬茜. 跨文化视域下基础日语教材研究——以《基础日语综合教程》为例［J］. 高等日语教育，2021（02）：44-51，163.

［66］ 初子墨. 跨文化视域下的高校日语教学策略探讨核心思路分析［J］. 山西青年，2021（22）：49-50.

［67］ 周新超. 普通高中日语教学中的跨文化教育分析［J］. 教师，2021（24）：41-42.

［68］ 崔雪莲. 高职日语教学中跨文化交际能力的培养探析［J］. 辽宁高职学报，2021，23（08）：63-66.

［69］ 陈丽. 跨文化交际视角下大学日语的教学途径［J］. 大连民族大学学报，2021，23（04）：360-361，381.

［70］ 辛子昱. 跨文化视角下日语语言文学中的语言艺术解析［J］. 湖北第二师范学院学报，2021，38（06）：36-39.

［71］ 周铁霞. 论"一带一路"背景下中职日语专业学生的跨文化交际能力培养［J］. 浙江工商职业技术学院学报，2021，20（02）：72-74.

［72］ 房雷. 初中日语教师学科教学知识发展现状与改进策略研究［D］. 辽宁师范大学，2021.

［73］ 刘峰. 文化语言学视阈下的日语学习者跨文化意识培养［J］. 河北北方学院学报（社会科学版），2021，37（02）：84-86.